Gedanken, Gebete, Gedichte

Impressionen aus dem Leben einer Frau

Gedanken, Gebete, Gedichte

Impressionen

aus dem Leben einer Frau

Ingrid Lindemann

Impressum

© 2020 Ingrid Lindemann

Herstellung und Verlag:

BoD Books on Demand Norderstedt

Printed in Germany

ISBN 9783750471245

Bibliografische Information der Deutschen Nationalbibliothek

Die Deutsche Nationalbibliothek verzeichnet diese Publikation in der Deutschen Nationalbibliografie; detaillierte bibliografische Daten sind im Internet über http://dnb.dnb.de abrufbar.

Liebe Leserinnen und Leser,

mit diesem Buch vertraue ich Ihnen meine Gedanken, Gebete und Gedichte der vergangenen Jahre an, meine Fragen und Erlebnisse, Momente der Verzweiflung und Momente des Glücks.

Dabei bitte ich Sie zu bedenken, dass Antworten nie endgültig sind. Erkenntnisse entsprechen dem jeweiligen inneren Persönlichkeitsstruktur. So gibt es in meinen Gedichten immer wieder unterschiedliche, manchmal sogar widersprüchlich erscheinende Aussagen.

Ernste und heitere Gedichte, mystisch, historisch und praktisch orientierte Gedanken wechseln sich ab. Der Inhalt dieses Büchleins ist so vielfältig wie das Leben.

Dabei ist dies ein zweiter Versuch. Eine erste limitierte, nicht im Handel erhältliche Auflage ging dieseer voraus. Soviel Nachfrage? Ja, aber auch Unzufriedenheit meinerseits mit der ersten Ausgabe. Vielleicht ist es aber auch ein neuer Lebensabschnitt, der meine Perspektive verändert hat.

Zu den Gedichten aus der ersten Ausgabe kommen neue hinzu. Auch ein paar Gedichte aus meiner Jugend, die ich neulich beim Aufräumen meines Schreibtischs gefunden habe vertraue ich Ihnen an.

Dazu habe ich versucht, meine Erfahrungen und Erkenntnisse in Worte zu fassen, die manche Gedichte geprägt haben. Ich hoffe, dass dieses Büchlein Sie inspiriert.

Vermitteln möchte ich Freude am Leben und am Nachdenken, manchmal mit einem Augenzwinkern. Die goßen deutschen Dichter mögen mir die ungewöhnliche Form mancher Zeilen verzeihen.

Ich wünsche Ihnen viel Freude beim Lesen,

*Ihre Ingrid
Lindemann*

Bad Oeynhausen, den
17.01.2020

Widmung

Ich widme dieses Buch meiner Familie,

meinem lieben Mann Werner,

unseren Söhnen Christoph und Gabriel,

unseren Töchtern Micaela, Andrea und Hanna,

meinen Schwiegertöchtern und Schwiegersöhnen

und ganz besonders meinen Enkelkindern!

Segenswunsch

Zum neuen Jahr wünsche ich dir
Freude am Leben
Freude am Geben
Freunde für frohe und schwere Zeiten
Freunde, die dich begleiten
Einen Menschen, der dich liebt
Dich auch in schweren Zeiten
gerne sieht
Ein glückliches Herz
Kraft zur Bewältigung von Schmerz
Mut zur Wahrheit
Geistige Klarheit
Ja sagen zu 365 Tagen
Neue Schritte wagen.
Wir haben es in der Hand
Hast du es erkannt?
Das neue Jahr tut sich uns auf,
Wir bestimmen seinen Lauf.
Viel Kraft und Freude
wünsche ich dir
Und ich verspreche dir:

Ein Zuhause hast du immer bei mir.

Gedanken

In diesem Korbstuhl habe ich so manches Mal gesessen. Er hat uns viele Jahre begleitet, von Stadt zu Stadt, zuletzt stand er in unserer kleinen Dachwohnung im Elternhaus meines Mannes. So steht er noch immer da, im Sonnenschein, der sich auch im Herbst und Winter immer einen Weg durch das Dachfenster bahnt. Er gab mir Geborgenheit und Wärme und ließ meine Gedanken fließen, sodaß sie meinen Stift führten Viele dieser Gedichte sind in ihm entstanden. Ihm und unserer kleinen Dachwohnung von der es noch viel zu erzählen gäbe, widme ich das erste Gedicht.

Unter`m Dach

Unter`m Dach
Da kamen mir die besten Gedanken
Unter`m Dach
Wenn in Stumes Nacht die Wände schwanken
Unter`m Dach
Wenn die Sonne durch die Dachziegel sticht
Unter`m Dach
Wenn der Flötenkessel pfeift und zischt
Unter`m Dach

Im Korbsessel in Decken gehüllt
Unter`m Dach
Den Magen mit heißem Tee gefüllt
Unter`m Dach
Da gehen die Gedanken auf Reisen
Lassen sich den Weg von Zugvögeln weisen
Unter`m Dach
In der Kiste der Erinnerungen gewühlt
Habe ich die Wehen meines Lebens gefühlt
Unter`m Dach
Das Rufen der Ferne in den Ohren
Will mich der Sehnsucht Schmerz durchbohren
Unter`m Dach
Wie Spitzwegs armer Poet
Voraus seiner Zeit
Habe ich in der Zukunft verweilt
Der Gegenwart Schmerzen und Qual versinkt
Wenn mein Stift die Freuden der Zukunft besingt
Unter`m Dach
Fängt die Zukunft im Heute an
Die Qual des Heute ist Vergangenheit dann
Die Sehnsucht der Ferne erfüllt sich hier
Unter´m Dach
Da kommen die besten Gedanken zu mir

Aus meinem Leben

Oktober 2013, ich beobachte meine Enkeltöchter. Kreischend und lachend toben sie zwischen den Seifenblasen herum, versuchen sie so groß wie möglich zu machen, zwei zu vereinen, sie mit den Fingern zum Platzen zu bringen.

Die Sonne scheint, und jede Blase schillert schöner als die andere in wunderbaren Regenbogenfarben.

Ich schaue zu und denke nach:

Seifenblasen

Wie Seifenblasen sind die Tage meines Lebens.
Unscheinbar, kaum bemerkt, klein
fangen sie an.
Wachsen, werden groß.

Sie kommen,
mal schneller, mal bedächtig
mal klein, mal groß.
Mal zusammengeschmolzen mit anderen
Mal alleine
Mal begleitet vom Lachen der Kinder
Von staunenden Blicken
Vom Oh und Ah
Schillernd fliegen sie davon
In unbekannte Weiten
Getrieben vom Wind
Entschwinden sie meinem Blick
Du versuchst sie zu halten?
Aufzufangen?
Vergebens!
Sie zerplatzen,
Ihr schillerndes Leben
Versprüht in tausend kleine Tropfen
Wen berühren sie?
Wen erreichen sie?
Nicht viel bleibt in der Flasche meines Lebens
Aus der die Seifenblasen quillen.
Jeder Tag wird besonders.
Jede Seifenblase ein Kunstwerk.
Ich lebe
Tage schillernden Lebens
Nicht vergebens!

Das Viadukt

Sommer 2009:
Ein Fahrt ins Blaue und wir finden zwischen Erbach und Eberbach das Maintalviadukt.

Hoheitsvoll überspannt es mit neun Bögen in 172 Metern Länge und 30 Metern Höhe die steilen Talflanken der Itter-mündung. Als das Viadukt im Mai 1882 in Betrieb genommen wurde galt es als Startpunkt einer neuen Mobilität. Seitdem haben es endlos viele Züge der Odenwaldbahn überquert. Wieviele? Wer weiß das schon und wer kennt die Ereignisse, die sich mit diesem Viadukt verbinden?

Das Viadukt
Ein Viadukt, aus kräftigen Steinen gebaut
Hat schon mehrere Jahrhunderte geschaut.
Stolz steht es zwischen den Bergen und Wäldern,
Schaut auf die bunten, umliegenden Felder.
Züge brausen auf ihm dahin.
Ich frage mich nach dem Sinn.

Jahrhunderte schon verbindet es Ost und West,
Manch große Stadt und kleines Nest.
Menschen wandern auf ihm dahin.

Brücke sein, das ist der Sinn.
Verbindung sein
Für Groß und Klein
Der Weg zum Kennen und Lieben lernen,
Durch die Sonnenhitze und unter den Sternen.
Viadukt, so manche Geschichte hast du erlebt,
Manche Verbindung selbst gewebt.
Hoheitsvoll schaust du in die Weite.
Mächtig erstreckst Du Dich in die Breite.
Über das Tal erhebst Du Deine Bögen.
Bussarde deine höchsten Pfeiler mögen.

Hier stehen wir,
Sehen auf zu dir,
Erahnen den Sinn,
Erhabenen Gewinn
Deiner Existenz,
Deiner Präsens.

Als Brücke verbinden,
Darin lässt sich der Sinn meines Lebens finden

er Tag zieht vorbei wie ein Schatten, schnell, fast unbemerkt, voller Arbeit, ohne Ruhen, geschäftig, angespannt. Viele Gedanken, die ich nicht zu Ende denken kann. Der nächste Gedanke steht schon vor der Tür. Fragen warten ungeduldig auf Antworten, die noch in weiter Ferne liegen. Wo sind sie? Wer kann mir antworten? Es ist Abend. Ich sitze auf den Stufen aus Stein, die über die Wiese zum Wald führen.

Abendstille
Ein sanfter Wind
Bläst durch meine Gedanken.
Er treibt sie wie Wolken
Am Himmel seiner Unendlichkeit,
Wie Gischt auf den Wellen
Des Meeres so tief und so weit.

Ich atme
Die Luft der Nacht.
Ich höre
Das Brausen des Windes so sacht.
Freiheit der Erleuchtung wünsche ich mir.

Sie streicht mir durchs Haar,
Was ist nun wahr?

Durch der Dämmerung Hülle
In der nächtlichen Stille
Tönt es in meinem Herzen:

„ Vergiss deine Schmerzen
Vergiss dein Suchen
Höre auf zu rufen!
Die Essenz der Erleuchtung
Ist der Liebe Vollendung!

Das Licht der Wahrheit,
Antwort in Klarheit findest du hier
In der Stille des Abends
In der Tiefe der Nacht
In dir, nur in dir.

Such nicht nur in Büchern
Suche in dir
Die Lehren der Weisen,
In Worte gefasst, erschallen.
Sind sie doch bald verloren,
Wie Töne verhallen.
Kein Buch ist erkoren!
Es bleibt als Gewinn
Nur ihr Sinn,
Ihre Klarheit
Die Essenz der Wahrheit
Der Liebe Vollendung.“

So spricht's aus der Stille,
Aus der Dämmerung Hülle,
Wie aus einem Kokon
Steigt heraus die Erleuchtung.

Ein sanfter Gong
Tönt durch die Nacht,
Ich bin erwacht!

Alles ist mir geschenkt,
In mein Wesen versenkt
Die Lüge der ewigen Trennung von dir
Lag wie ein dunkler Schleier auf mir
Nun sehe ich klar,
Es ist wahr!
Du und ich
Gibt es nicht

Wir sind eins
In der Essenz des Seins.

Wohin geht mein Weg?

In meinem Leben gibt es immer wieder Zeiten der Unruhe. Ich muss wandern, mich erneut auf den Weg machen ins Unbekannte. Nur kurz ist die Zeit der Ruhe, des Innehaltens, des Verweilens. Wohin treibt es mich? Ich weiß es nicht.

Wie die Pinguine
So wanderte ich durch mein Leben,
Unaufhaltsam
Bis heute!

Strecken liegen hinter mir,
Beschwerliche, lange, einsame,
Bis ich ankam
Im Heute!
Der Weg ist nun versperrt,
Ein Wegweiser nur,
Die Schrift ist verzerrt.
Wohin geht mein Weg
Ab heute?

Jeder fragt mich
Wohin ich gehe,
Wo ich stehe,
Welche Zukunft ich sehe
Nach dem „Heute".

Noch weiß ich es nicht,
Es plagt mich!
Gibt es einen Plan für mein Leben?
Wohin soll ich gehen?
Heute?

Du antwortest mir:
„Es liegt bei dir
Den Weg zu entdecken,
Dein Genie zu wecken,
Dich neu zu sehen,
Die Straße zu gehen
Vom Heute
Ins Morgen!"

.

Meine Seele wandert

Meine Seele wandert über die Felder
Entlang der Wälder
Über die Wiesen und Haine
Entlang der Bäche und Raine
Sie schaut das frühe Grün
Schneeglöckchen und Krokusse blühn
Sie spürt den warmen Sonnenschein
Sie wandert allein!

Meine Seele ruft
Wen?
Ich weiß es nicht.
Was?
Ich verstehe sie nicht!
Warum?
Ich erkenne es nicht.

Meine Seele wandert durch die Dörfer
Entlang der Wege
Über Stege
Über Stufen und Brücken
Nichts kann sie entzücken
Nichts ihrer Trauer entrücken
Sie spürt den Sonnenschein
Sie wandert allein!

Meine Seele wandert allein
Sie ruft
Sie schreit
Stumm
Warum?

Meine Seele wandert über das Meer
Sie ist leer
Sie folgt dem Ruf der Unendlichkeit
Kein Weg ist ihr zu weit
Sie sucht die Stille der Ewigkeit
Sie ist bereit
Meine Seele will gehen
Ich kann sie verstehen!

Meine Seele wandert
Ich wandere mit
In die Weite der Ewigkeit
Nimmt sie mich mit
Wir gehen zu zweit
Jeden Schritt

Meine Seele wandert mit mir
Wir rufen
Wir schweigen
In der Ewigkeit Reigen

Wir verstehen
Wohin wir gehen
Wir sehen die Haine
Des Himmel Raine
Die Fluren und Wälder
Die Wiesen und Felder
Die Ewigkeit beginnt hier
In meiner Seele und mir
Im wir

Auf der Reise, wohin?

So manches Mal in meinem Leben habe ich Entscheidungen getroffen, die eigentlich meinen innersten Wünschen widersprachen. Aber es gab nur diesen einen Weg zu gehen, immer hoffend, dass es doch auf der Reise meines Lebens neue Wegweiser geben würde hin zu der Erfüllung meiner Sehnsüchte. In so einer Zeit, an einer Weggabelung der Entscheidung entstanden die folgenden Gedichte.

Durch Wiesen und Wälder
Über Wege und Felder
Bei Tag und bei Nacht,
Keine Ruhe, kein Verweilen
Weitereilen.

Wohin führt mein Weg?
Nie gedacht, nie geplant
Nie in Träumen geahnt.
Auf unsichtbaren Schwingen
Lieder, die mein Leben singen.

Im Sturm auf hoher See
Gilt nur eins
Nicht untergehen

Mit des Lebens Wellen schwingen
Die höchsten Spitzen der Berge erklimmen
Erschaudernd die Schönheit der Felsen erkennen
Sterne benennen.

Im Tal dankbar sein
Im Tunnel mit der Erkenntnis Schein
Licht ins Dunkle bringen.
Lieder des Frohsinns singen.

Nimm das Leben an der Hand
Ziehe mit der Sonne durch das Land
Das Ziel sehen
Den Weg gehen.
Durchstanden die Wehen
Ob Tag oder Nacht
Zur Schöpfung erwacht
Lass ich mich tragen vom Leben,
Der Freude ergeben
Ob dunkel oder hell
Ich bin des Weges Quell.

Ende und Anfang

Ende und Anfang
Weg und Ziel
Wie wogende Wellen
Am Felsen zerschellen
Im auf und ab
Mit mir ins Grab

Ich schreibe meine Gedanken nieder

Ich schreibe meine Gedanken nieder
Wohin geht mein Leben?
Welchen Weg soll ich gehen?

Mein Herz antwortet nicht
Meine Seele schweigt
Nur meine Gedanken kreisen
Um für und Wider

Sie häufen Argumente
Gegeneinander
Miteinander
Für und Wider
Ohne Ruhe ohne Rast
In nicht endender Hast.

Immer im Kreise
Laut und leise
Diskutieren sie

Streiten sie
Zerreißen das Herz
Gefühl und Sehnsucht
Mit Logik und Zahlen

Wo gehe ich hin
Welchen Weg soll ich nehmen?
Mich entscheiden
Heißt leiden
Bin ich bereit
Kann ich es schaffen?
Kann ich so lieben?

Ich schreibe meine Gedanken nieder
Alles Für und alles Wider
Logik und Zahlen
Sehnen und Ahnen

Ich prüfe mein Herz
Meine Seele
Wieviel Schmerz
Wieviel Sehnen
Wieviel Einsamkeit
Kann es tragen
Ist es bereit?
Kann ich es wagen?

Ich schreibe meine Gedanken nieder
Wohin geht mein Leben?
Welchen Weg soll ich gehen?
Das Leben geht weiter

Ein neuer Tag naht
Keine Stunde hält an
Keine Sekunde ruht
Die Zeit ein Geschenk
Der Schöpfung
Des Wachsens
Des Lebens
Des Seins

Immerwährende Runden
Beruhigend
Wiederkehrend
Wie Sommer und Winter
Wie Frühling und Herbst
Wie Tag und Nacht
Ohne Ende
Ewiger Kreislauf
Auch in mir
Ewiges und Zeitliches
Untrennbar
Ruhend

Ich spüre die Stille
Das Wort in mir
Schweigt
Sanft und tröstend

Ich spüre die Kraft
Des Lebens
Der Zeit
Der Ewigkeit

Lass ich mich tragen
Dann kann ich es wagen
Energie des Universums
Wird durch mich fließen
In meine Seele sich ergießen

Lass ich nur los
Beende das Für und Wider
Die Logik, die Zahlen
Dann kann ich alles wagen
Dann entscheidet die Seele
Das Herz erkennt und benennt
Den Weg, die Weise
In Liebe, ganz leise.

Unergründliche Wege

Unergründliche Wege
Schweigend, dunkel, ungewiss
Öffnen sich vor mir

Unergründliche Wege,
nie gegangen, nie geebnet
warten auf mich

Unergründliche Wege
Lassen mich fragen
Ohne zu sagen
Wohin sie führen

Unergründliche Wege
Was werden sie bringen
Was werde ich erringen
Wege nie gegangen
Erneut anfangen

Unergründliche Wege
Auch im Alter neuer Segen
Ich muss mich regen
Neue Wege schreiten
begleiten
Angst überwinden
Mich finden
Unergründliche Wege
Sie führen mich zu Dir
Quelle der Kraft erkenne ich in mir

Schöpfung aus dem Nichts
Bringt uns Licht
Neue Wege gehen
Meine „Frau" stehen
Brücken bauen
Ins Weite schauen.

Unergründliche Wege
Sie öffnen sich
Für mich.

Wie ein weißes Blatt Papier

Wie ein weißes Blatt Papier
Liegt der neue Tag vor mir.
Was wird geschehen,
Was werde ich sehen?
Wie werde ich ihn gestalten,
Wie diese Zeit verwalten?
Lasse ich mich vorwärts treiben?
Jemand anderes mein Blatt beschreiben?
Oder nehme ich den Stift in die Hand?
Bebaue ich selbst das mir anvertraute Land?
Alles ist mir in die Hände gegeben.
Das ist mein Leben!

Manche Tage sind fade

Manche Tage sind fade
Sie kommen
Sie gehen
Nichts bleibt bestehen
Aktiv Sein ohne Ende
Die Zeit rennt wie Wasser
Durch meine Hände

Dieses Bild hat meine Schwiegertochter Frau
Moonhwa Lindemann gemalt und mir zum
Muttertag geschenkt. Es gibt kein passenderes für
das folgende Gedicht. Drei Töchter habe ich
geboren, sie wurden mir anvertraut. Sie bringen mir
so viel Freude und Glück! Ich bin Ihnen so dankbar.
Doch als sie sich auf den Weg machten ihr Leben
selbst zu gestalten, war mein Herz schwer. Ich sah
Schmerzen und Leid auf sie zukommen. Ich
beobachtete sie wie sie kämpften, sich selbst zu
finden.
Manches Mal hätte ich sie gerne einfach an die
Hand genommen. Doch sie mussten ihren Weg
selbst finden. Nach einem schweren Tag habe ich
ihnen eines Nachts dieses Gedicht geschrieben und
an die Tür ihres Zimmers gehängt. Es war und ist
mein Versprechen an sie.

33

An meine Töchter

Mein Herz ist schwer,
Meine Gedanken sind leer,
Sorge begleitet mich.
Ich rufe dich.

Es ist nicht mein Leben,
Doch hab ich's gegeben.
Ich hab es entschieden
Wo bist du geblieben?

Ich wünsche dir Glück.
Ich gebe dir zurück
Deine Freiheit zu leben,
Weiter zu streben.

Ich wünsche Dir Hoffnung,
Freude in Erfüllung.
Ich gebe dir meinen Segen
Für dein eigenes Leben.

Doch ist mein Herz schwer,
meine Gedanken so leer.
Ich sehe die Schmerzen,
Verletzung im Herzen.

Ich spüre die Trauer,
Glück ohne Dauer.
Ich sehe deine Schritte
Abseits der Mitte.

Doch muss ich es lassen,
Ich kann es nicht fassen.
Keine Hilfe kann ich geben,
Nur einst dein Leben.

Deinen Weg musst du gehen
Durch viele Wehen.
Deine Mitte musst du erkennen,
Erfahrung dein eigen nennen.

Mein Herz ist schwer.
Ich liebe dich so sehr!
Was immer du tust,
In meiner Liebe du ruhst.

Geburt ohne Ende,
Ewig gebende Hände,
So sollen meine sein,
Immer ganz dein.

Ich rufe die Engel in der Nacht.
Ich bitte sie: Wacht!
Ich bete um das Leben,
Das Gott dir gegeben.

Ich spüre in mir
Vertrauen zu dir.
Du wirst den Weg gehen
Deine Frau stehen!

Erkenntnis wird dein sein
Mein Herz befreit sein
Von Kummer und Sorgen
Du bist geborgen
Geborgen im Himmlischen Leben.
Es ward dir gegeben.
Spüre es nun
Ganz in dir ruhn.

Der Göttin in dir vertraue,
Deinen Reichtum schaue.
Schönheit ohne Ende,
Gegeben in deine Hände.
Dein Herz findet die Mitte
Mit sicherem Schritte.
Dauerndes Glück
Kehrt zurück.

Ein neuer Weg durch dich
Öffnet sich für mich.
Viele werden ihn gehen,
Neue Horizonte sehen.

Ohne Grenzen sei dein Vertrauen
So kannst du Gottes Angesicht schauen
Und Ihn in Dir finden,
Dich an Ihn binden.

Mein Herz fühlt sich leicht,
Gott hat es erreicht.
Was immer du tust,
in Seiner Liebe du ruhst.

Geburt ohne Ende,
Ewig liebende Hände,
So werden Seine und meine sein,
Immer ganz Dein.

So manches Mal heißt es aufbrechen, uns verabschieden von allem Gewohnten und einen neuen Weg gehen. Manchmal ist es ein Umzug, manchmal eine neue Arbeitsstelle. Für manchen ist es ein Abschied von den geliebten Menschen. Aber oft ist es auch der Aufbruch zu neuem Denken, der Abschied von alten Konzepten, das Verlassen von selbst auferlegten Zwängen, es wagen Neues zu erkunden und zu erfahren. Aufbruch ist so vielfältig und immer wieder präsent in unserem Leben.

Aufbruch

Aufbruch ist Abschied!
Abschied vom Alten.
Ein Klagelied,
Die Trauer verwalten.

Aufbruch ist Wagen!
Verlassen der Festung!

Unsicherheit ertragen,
Ob alt oder jung.

Aufbruch ist Hoffnung!
Verlassen der Enge,
Frohe Erwartung,
Nie mehr Zwänge.
Aufbruch ist Leben!
Erleben im Sein,
Dem Jetzt ergeben,
Wie prickelnder Wein.

Aufbruch ist Erkennen!
Jeden Tag, jede Stunde
Die Zeit mein eigen nennen,
Jede Sekunde.

Aufbruch zum eigenen Land!
Ich verlasse den Strand.
Des Ozeans Wogen
Will ich erproben.

Aufbruch ist Ankommen!
Ankommen im ich.
Das Sein gewonnen
Erkenne ich dich.

Aufbruch ist Dasein
In der ewigen Gottheit,
In Liebe so rein!
Der Himmel so weit.

Aufbruch ist Rückkehr
Zu ewigem Grund!
Ein Tempel so leer,
Des Neubeginns Stund!

Die Kinder werden groß, gehen ihre Wege, ziehen aus. Wir bleiben zurück. Wo ist die Zeit geblieben? Wo geht sie hin? Unbemerkt, leise schleicht sie davon.

<u>Wie aus den Schalen meiner Hände das Wasser rinnt</u>

Wie aus den Schalen meiner
Hände das Wasser rinnt
Jede Sekunde den Weg ins
Unendliche gewinnt.

Minute um Minute rennt,
keine meinen Namen kennt.
Stunden drehen sich um mich im
Kreise,
Tage schleichen davon ganz leise.

Woche um Woche verstreicht,
Was habe ich erreicht?
Monate und Jahre vergehen,
Noch versuche ich zu verstehen.

Dekaden, eine um die andere,
Erkenne ich wohin ich wandere?
Ich möchte das Ziel meiner Seele benennen,
Den Sinn jeder Stunde erkennen.

Spuren von Schmerz in meinem Gesicht,
Ich finde mein Lachen nicht.

Doch ich möchte lachen,
Zum Sonnenaufgang erwachen,
Menschen glücklich machen.

Ich möchte singen,
Im Tanze springen
Meine Flügel schwingen.
Ich wende den Blick,
Schau nicht mehr zurück
In mir die Schönheit
In mir die Wahrheit

Ich lege nur auf die Waage
Was ich Gutes in mir trage.
Gottes herrliches Schöpfertum,
Meine Freiheit zu tun und zu ruhn.

Keine Wut kann mich besiegen,
Nur Gutes lasse ich wiegen.
Kein Groll beherrscht mein Herz,
Vergebung nimmt allen Schmerz.

Frei kann ich den Weg erkennen.
Stunden und Tage mein eigen nennen,
Das Ziel meiner Seele benennen.

Die Schale meiner Hände sammelt nun.
Auf dem Weg kann ich innerlich ruhn.
Echte Liebe erwacht in mir,
Ich wende mich zu dir.

Jede Sekunde, jede Minute, jede Stunde
verstreicht,
Auf dem Weg habe ich das Glück erreicht.
Das Wandern wird zum Ziel ernannt,
Der Weg als Glück bekannt.

Ich nehme das Geschenk der Schöpfung entgegen,
Die Zeit wird zum Leben.

2007: Eine Rückenoperation verändert mein Leben. Ich darf mich mehrere Wochen lang nicht setzen, nur liegen oder stehen, kurze Strecken mit kleinen Schritten gehen. Ich kann mich selbst nicht versorgen. Die Zukunft ist ungewiss. Ich kehre zurück nach Hause zu meiner Familie, aber alles wird anders sein.

Das Neue im Alten

Ich habe Angst
Vor dem Neuen
Im Alten.
Ich gehe nach Hause,
Aber ich bin anders.

Ich brauche Hilfe
Wo ich Hilfe gab.
Ich brauche Mut
Wo ich Mut zusprach.

Meine Tränen fließen
Wo ich tröstend umarmte.
Kaum das ich begann,
Bin ich erschöpft.
Wo ich Schlaflieder sang
Geh ich ins Bett.

Ich werde essen
Ohne zu kochen.

Trinken
Ohne zu schöpfen.
Ruhen
Ohne etwas zu tun.
Ich habe Angst
Vor dem Neuen
Im Alten.

Doch die Macht der Liebe
Wird mich halten.
Sie ist mein Hirte
Mir wird nichts mangeln.

Sie nimmt mir die Angst!
Die Liebe
Sie wird das neue
Im Alten
Gestalten.

Grenzen!

Grenzen, habe ich Grenzen?
Grenzen sind wie Zäune
Sie markieren Räume,
Schränken ein.
Das darf nicht sein!

Ich will keine Grenzen
Doch habe ich sie.
Ich wollte sie nie!
Habe immer weiter gemacht
Nichts gesagt
Grenzen verneint
Nie geweint
Nie nein gesagt
Alles getan,
Welcher Wahn!
Ohne Rücksicht,
Ohne Vorsicht!
Immer weiter,
Immer weiter.

Jetzt habe ich Grenzen!
Ich will sie nicht
Doch es hat mich erwischt
Müdigkeit ohne Ende
Es braucht eine Wende
Ich will weiter gehen
Meine „Frau" stehen
Da sein für alle,

Welche Falle!
Ich habe mich vergessen
Mich mit den Kräften der Jugend gemessen
Ich habe meine Grenzen nicht erkannt!
Mich in Unbesiegbarkeit verrannt.

Nun muss ich sie sehen
Mit ihnen gehen
Sie erkennen
Beim Namen nennen
Ihnen Raum geben
Mit den Grenzen leben.

Werde ich das schaffen?
Was kann ich noch machen?
Noch weiß ich es nicht
Es fehlt mir die Sicht

Mit den Grenzen werde ich leben!
Die Zeit wird es geben
Doch die Gedanken sind frei!
Mein Geist grenzenlos sei!

Meine Seele weiterrennt
Über Berge und Felder
Durch Wälder
Zum Himmel und den Sternen
Ich werde weiter lernen!

Grenzenlose Freiheit meiner Gedanken
Trotz physischer Schranken!
Mein Stift wird alle Grenzen überwinden
Ich werde mein Lachen wiederfinden!

Betrachtungen

Stille ist ein klares Wort. Doch Stille ist immer anders.

Die Stille

Die Stille singt in meinen Ohren
Singt sie?
Sie rauscht!
Ein Ton, immer der gleiche.
Sie summt,
Begleitet vom Ticken der Wanduhr
Stille!
Stille?

Mein Herz weint

An meinen besten Freund

Verstehst du mich?
Ich glaube nicht.
Du fühlst dich verletzt
Verstoßen, gehetzt,
Unverstanden, allein
In deinem Sein.

Suchst Du das Leben?
Oder lebst du im Tod?
Leben ward dir gegeben,
Du lebst nicht in Not.

Du gehst hinaus
Aus dem Haus.
Suchst du die Wahrheit?
Schaust du nach Klarheit?
Suchst Du Gottes Herz
Oder pflegst du deinen Schmerz?

Suchst Du das Leben?
Oder lebst du im Tod?
Leben ward dir gegeben,
Du lebst nicht in Not.

Du bist reich!
Reich an Liebe,
Reich an Glück.

Ohne Fordern bekommst Du zurück
Was du einst gegeben
In deinem Leben.
Suchst Du das Leben?
Oder lebst du im Tod?
Leben ward dir gegeben,
Du lebst nicht in Not.

Deine Kinder, Deine Frau
Schau nur, schau!
Sie alle lieben dich von Herzen.
Kein Grund für Schmerzen,
Keine Not, keinen Mangel du hast.
Erkennst du das?

Suchst du das Leben?
Oder lebst du im Tod?
Leben ward dir gegeben,
Du lebst nicht in Not.

Pass auf, schätze was du hast
Sonst hast du verpasst
Das Beste am Leben,
Die Liebe, die alle dir geben,
Das Zusammensein mit uns,
Des Schöpfers Kunst.

Suchst Du das Leben?
Oder lebst du im Tod?
Leben ward dir gegeben,
Du lebst nicht in Not.

Lass mit dir scherzen,
Dich herzen,
Dir Küsse geben,
Das Glas erheben!
In Freude singen, Lieder klingen!
Suchst Du das Leben?
Oder lebst du im Tod?
Leben ward dir gegeben
Du lebst nicht in Not.

Lass uns tanzen, singen,
In Freude schwingen,
Gottes Reich bauen,
Sein Antlitz schauen.
In Deiner Kinder Gesicht,
Siehst du es nicht?

Suchst Du das Leben?
Oder lebst du im Tod?
Leben ward dir gegeben,
Du lebst nicht in Not.

Ich sehe in dir Seinen Sohn.
Er braucht keinen Thron.
In dir ist Er zu Haus.
Aus deinen Augen schaut Er heraus.
Nur du merkst es nicht,
Beweinst dein Geschick.

Siehst nicht den Segen den Er dir gibt.
Merkst nicht wie sehr Er dich liebt.
Mein Herz weint,
Wenn es dich sieht-
Wie Du Dein Leben verpasst,
Deine Situation hasst,
Deinen Segen nicht erkennst,
Davon rennst.
Dich in Schmerzen windest
Und deinen Weg zu Ihm nicht findest.

Suchst Du das Leben?
Oder lebst du im Tod?
Leben ward dir gegeben
Du lebst nicht in Not.

Gott ist in Dir
Und in mir
In uns beiden
Warum musst du leiden?

Mein Herz will ruhn

Mein Herz will ruhn!
Keine Sorgen, kein Tun,
Keine Gedanken,
Kein Zanken.
Mein Herz will ruhn!
In Gott mich versenken,
Im Herzen der Blüte,
Im Waldes Innern,
Der Schöpfung Güte.
Kein Erinnern,
Nur ruhn!

Einsamkeit

Mein Herz schmerzt.
Es ist eingeengt,
Fühlt sich bedrängt.

Ich ringe nach Luft!
Rufe um Hilfe!
Aber keiner hört mich.

Alle reden,
Zu mir, über sich.
Sie lachen und scherzen,
Aber keiner hört mich.

Tränen drängen sich hinter meinen Augen.
Ich schreie,
Aber meine Stimme schweigt
Und keiner hört mich.

Jeder Tag vergeht.
Im Rhythmus der Stunden,
Die Wellen der Zeit
Tragen mich in die Einsamkeit.

Inmitten der Menschen
Bin ich allein.
Keiner hört mich,
Meine Stimme schweigt.

Ein Schrei ohne Ton
Bedrängt mein Herz.
Einsamkeit,
Oh welch ein Schmerz!

Ich brauche Kraft

Ich brauche Kraft,
Unendliche, nie versiegend!
Kraft, Kraft, Kraft!
Woher?
Ich bin müde,
Unendlich, mich besiegend.
Ich stehe vor einem Berg,
Hoch, unendlich hoch.
Wie kann ich ihn erklimmen?
Meine Seele seufzt,
Mein Herz ist schwach,
Meine Arme matt,
Ich bin so müde,
unendlich müde.

Sehnsucht

Warm und sicher ist mein Haus.
Sauber und ordentlich sieht es aus.
Duft guter Gewürze umgibt es.
Nach gebackenem Brot riecht es.
Ruhe und Beschaulichkeit,
Beschauliche Einsamkeit.

Bilder schmücken die Wand,
Götzen geben sich die Hand.
Die Seele kaufmännisch handelt,
Verlangen in Gebete verwandelt.
Glück und Sicherheit,
Sichere Einsamkeit

Ewige Begierde findet kein Ende,
Im Verlangen nach mehr ringt sie die Hände
Im endlosen Wünschen findet sie
Ihre Erfüllung nie.
Verlangen und Verlorenheit,
Verlorene Einsamkeit.

Neue Sehnsucht der Seele erwacht.
Das Feuer der Visionen entfacht.
Zu eng ist mein Haus,
Ich will endlich raus!
Schreien nach Freiheit,
Frei in der Einsamkeit.

Wie im Fieber geschüttelt,
Von Zweifeln gerüttelt,
Verloren ist alle Beschaulichkeit,
Fort der vier Wände Sicherheit.
Verlorener Sinn, Maske der Heiterkeit,
Sinnvolle Einsamkeit.

Erschöpfung fasst mich,
Verzweiflung packt mich.
Wer versteht mein Beten,
kann Regeln übertreten?
Grauen der Freiheit,
Grausame Einsamkeit.

Sünde ist unser tägliches Brot,
Strafe ständig droht,
Wiedergutmachung bringt Segen,
Wir sollen uns regen.
Rebellion gegen Widersprüchlichkeit,
Rebellische Einsamkeit.

Ich kämpfe um Erkennen,
Will mit klaren Sinnen benennen,
Will die Logik verstehen,
Will neue Dimensionen sehen.
Des Schöpfers Größe so weit,
Schöpferische Einsamkeit.

Einsamer Wanderer leiser Schritt,
Mein Geliebter, gehst du mit?

Die Furcht verfolgt mich,
Verliere ich dich?
Erkenntnis und Leid,
Erkennende Einsamkeit.

Tröstende Umarmung spüre ich,
Fluss der Tränen erleichtert mich,
Keine Wissenschaft beweist es,
Kein Mensch weiß es.
In Liebe und Wahrhaftigkeit,
liebevolle Einsamkeit.

Ich fühle der Einheit Rausch,
Den Melodien des Himmels ich lausch.
Den Tanz der Derwische fühl' ich in mir.
Keine Trennung zwischen Dir und mir-
Jenseits aller Wände
Der Einsamkeit Ende!

Ich gehe meinen Weg

Ich gehe meinen Weg,
Unbeirrt vorwärts.
Um mich herum,
Fragen, viele Fragen.

Ich gehe meinen Weg,
Nur ich kann ihn erkennen,
Beim Namen nennen.

Nur ich kann ihn sehen,
Ihn berühren,
Seinen Atem spüren.

Nur ich kann ihm begegnen
So wie er ist,
Für mich.

Er ist mein Weg.
Nur ich kann ihn gehen,
Verstehen.
Nur mir ist er klar,
Nur für mich wahr.

Dein Weg ist anders,
Ein anderer Pfad
Sich dir auftat.
Nur du kennst ihn gut,
In dir er ruht,
In dir ist sein Wesen.
Er ward dir gegeben,

Nur du kannst ihn sehen,
Ihn gehen,
Er ist in dir.
Keiner kennt ihn,
Nur für dich ist er da,
Klar und wahr!

Zwei Wege
Zwei Menschen
Du und ich
Gemeinsam im Jetzt und Hier
Erfüllung finden wir
Auf unseren Wegen
Wenn wir uns Freiheit geben

Unsere Wege,
Wir gehen sie!

Ich verlasse den sicheren Strand

Meine Gedanken schweifen dahin,
Was macht das alles für einen Sinn?
Was ist geblieben von all den Jahren?
Was kann ich in meinem Herzen bewahren?

So vieles verstehe ich nicht mehr,
So vieles scheint mir sinnlos und leer.
Schau ich mir meinen Glauben an,
Sehe ich, dass der Zweifel gewann.

Dogmen und theologische Lehre,
Ich fühle, wie ich mich innerlich wehre.
Lange bin ich so weitergegangen,
Doch habe ich nun nach Leben Verlangen.

Ich will frei sein!
Frei von Schein sein!
Die Freiheit der Kinder Gottes erleben,
Mich nur der göttlichen Liebe hingeben!

Gebete, Gesänge sind in mir stumm.
Ich frage, warum?
Worte der Prediger stolpern dahin,
Es macht keinen Sinn!

Ich suche die Wahrheit,
Ich möchte Klarheit!
Keine Maske vor meinem Gesicht,
Ich verstecke mich nicht!

Noch ist vieles wirr in meinen Gedanken.
Überschreite ich meine Schranken?
Verlasse ich den sicheren Strand,
Finde ich wirklich neues Land?

Fehlt mir der Mut zum Ertragen,
Was werden die anderen sagen?
Fehlt mir der Wille zum Gehen,
Der Mut zum Auferstehen?

Bis jetzt bin ich den Weg aller gegangen,
In der Freude der Gemeinsamkeit gefangen.
Sicher auf dem ausgetretenen Weg,
Begleitet über jeden Steg.

Ich habe Angst vor der Wahrheit,
Angst vor der Klarheit,
Angst vor der Einsamkeit,
Es fehlt mir Entschlossenheit.

Noch mache ich weiter,
Auf der alten Leiter,
Sprosse um Sprosse, Schritt um Schritt
Und wage keinen neuen Tritt.

Ich kann nicht warten und stehen bleiben,
Ich kann nicht länger im Alten verweilen.
So groß ist Gottes liebender Geist,
Du kannst nicht bleiben, wenn du das weißt.

Den neuen Pfad muss ich beginnen,
Mir jede Stufe neu gewinnen.
Eine neue Spur hinterlasse ich dann,
Vielleicht kommt ihr nach? Irgendwann?
Ich verlasse den sicheren Strand,
Schwimme davon zu einem neuen Land.
In den Wellen des Ozeans vergehen die Sorgen,
Ich sehe das Morgen!

Kein Bleiben im Alten,
Im „Sünden verwalten",
Kein Flehen um Vergeben,
Kein „in der Schuld leben"!

Grenzenlose Liebe schuf unsere Welt,
Grenzenlose Liebe sie zusammenhält.

Über die Sünde hinaus umarmt Er mich,
Keine Schuld vor Ihm belastet mich.

Leben ohne Sorgen,
Lachend ins Morgen.
Freude am Tun,
Schuldfreies Ruhn.

Jenseits der wogenden Wellen
Sind unsere inneren Quellen.
Ich gehe nun fort
An jenen herrlichen Ort.

In mir erwachen die Lieder,
Ich fühle die Worte neu erschallen-
Klänge des Eins Seins in meinem Herzen
Befreien mich von allen Schmerzen.

Ich gehe den neuen Pfad weiter
Im Herzen heiter.
Allein, ohne Ängste und Sorgen
In der göttlichen Liebe geborgen!

Ich lausche dem Glockenklang

Ich lausche dem Glockenklang,
Der Vögel Gesang.
Weit in die Ferne schweift mein Sinnen,
Tränen rinnen.
Dank künden die Glocken!
Frühling, die Vögel frohlocken!
Sonne, Licht, neues Leben
Ward uns wieder gegeben.

Neugeburt Jahr um Jahr,
Nichts gleicht dem was gestern war.
Jeder Baum im frischen Gewand,
Unsinniger Überfluss aus des Himmels Hand.

Mutter Erde gebiert immer wieder neu,
Ohne Grenzen, ohne Scheu.
Liebevoll geschmückt,
Allen Zweckes entrückt.

Schön, ergreifend und majestätisch,
Froh, lustig und einfach kindisch,
Farbenfroh, strahlend,
Immer umarmend.

Schöpfung ohne Ende!
In Gottes Hände
Begibt sich mein Sinnen,
Tränen rinnen.

Überwältig von Ihr,
Gott Mutter in mir,
Im Frühling erkannt,
Nie mehr verbannt.
Auch in meine Hände
Ward sie gegeben.
Jeder Atemzug neues Leben!

Zweitausendacht erwacht

So wie das Jahr 2008 erwacht jedes Jahr neu. Jedes Jahr ist wie ein Buch mit 365 unbeschriebenen Seiten. Wir haben den Stift in der Hand.

Zweitausendacht!
Es kommt mit Macht,
Macht der Liebe,
Macht des Herzens.
Im Leben vollenden
Der Schöpfung Pracht
Der Liebe Macht.

Zweitausendacht!
Vollendende Pracht.
Ewige Sehnsucht,
Ewige Hoffnung,
Gottes Macht
In Liebe wacht.

Anfang und Ende
in unseren Händen.
Vereint in Macht,
Eins in der Liebe.

Kein Anfang, kein Ende
Im Eins Sein mit Dir.
Verschmelzen im Geist,
In der Wahrheit,
Der Liebe Klarheit.

Zweitausendacht!
Mit Macht,
In Pracht,
Eins mit Dir,
Das wünsche ich mir.

Aus dem Eins Sein geboren,
In Liebe erkoren,
Mit Macht,
In Pracht.
Zweitausendacht
Der Friede erwacht!

Gedanken zum Frieden

Gedanken fliegen durch meinen Sinn,
Wie Schneeflocken im Sturm dahin
Will ich sie greifen,
Schmelzen sie in meiner Hand
Will ich sie niederschreiben,
Bleibt mein Stift stehen wie gebannt.

So manches Ziel steht in unsichtbarer Ferne,
Ungreifbar weit wie die Sterne.
Ich suche Einklang und Frieden in meiner Seele,
Wird es das jemals geben?

Werkzeug des Friedens möchte ich sein!
Ich schaue tief in mich hinein,
Wird dort die Quelle des Friedens sein?
Tief in mir versteckt
Hat sie die Sehnsucht nach Frieden geweckt.

Wärmend strömt eine Kraft durch meine Glieder
Sie weckt in mir des Friedens Lieder
Friede sei mit dir, Salam, Shalom
Dies ist ein Klang, der in alle Herzen dringt,
Ein Licht, das jede Finsternis bezwingt!
Die Kraft die uns in Einklang bringt.
Ich rufe es aus!
Mitten in aller Wirren Graus!
Friede sei mit dir, Salam, Shalom!

Tief in deine Seele tauche ein!
Dort wird die Quelle sein,
Von dort kommt der Klang, das Licht, die Kraft
Die Frieden schafft.
Ich lebe in Frieden mit mir
Meinen Frieden schenke ich dir
Die Kraft die uns zusammen bringt,
Das Licht, das alle Finsternis bezwingt
Der Klang der in unseren Herzen schwingt!
Friede ist in uns,
Shanti, Salam, Shalom!

Manchmal ist es interessant konfrontiert zu werden mit den Gedanken der eigenen Jugend. Ich hatte erst vor kurzem ein kurzes Gedicht zum Thema Liebe geschrieben als ich dieses Gedicht aus meiner Jugendzeit fand. Vergleichen Sie selbst, liebe Leserin, lieber Leser! Viel Spaß!

Was ist Liebe?

Fragestellung einer 16 Jährigen
Anno 1968

Liebe, dieses ach so wichtige Wort
Fällt im Unterricht der Schule fort.
Dabei ist es klipp und klar,
Dass Liebe stets das wichtigste Gesprächsthema
war.

Fragt man den Deutschlehrer nach dem Sinne,
So erklärt er freudig den Begriff der hohen Minne.
Der Dienst an der Frau durch den Mann
Mit Liedern und Gedichten so gut er kann.
Er verehrt sie wie einen halben Gott
Und erntet darumbe doch nur Spott.
Sein Begriff von Liebe ist nicht ganz klar,
Da er von Anfang an weiß,
Dass es niemals heißt,
Dass er ihr Mann einmal war.
Ja, die Liebe ist oft sehr verwirrt
Wenn sie in Spielregeln eingekesselt wird.

Doch wird man der Liebe eher gerecht
Wenn man die Meinung der Freundin verfechtet?
„Liebe ist ein kitzeliges Gefühl am Herzen
Da wo man sich nicht kratzen kann
Sie verursacht viele Schmerzen
Und man liebt ihn doch, den Mann."
Leidenschaft und heiße Küsse,
Runde, volle, nackte Brüste,
So die Liebe man in vielen Filmen fand.
Ist es das, was man unter Liebe verstand?
Selbst der vielgeehrte Goethe
Seine Nachkommenschaft verschieden vermehrte.
Seine Lieder und Gedichte
Sind nur Abglanz der Geschichte.
Liebe zu ersticken in heißen Küssen,
in Knutschen, Herzen und Drücken,
Ist das der Kern der Gefühle,
Die so schnell sich verwandeln in Kühle?

Liebe dieses wichtige Wort
Fällt in jedem Duden fort.
Da jeder diesen Begriff verschieden erklärt
Man die Bedeutung am besten durch das Erleben
erfährt.

Liebe

Aus der Sicht einer 65 jährigen Frau

Liebe, ein Wort,
Fünf Buchstaben nur
Missbraucht
Verhöhnt
Entstellt
Für Geld.

Liebe?
Nur ein Wort?
Nur im Märchen?
Vergoldet?
Verzaubert?
Ein Traum?
Nie zu erreichen?
Weit entfernt?
Ein anderer Stern?
Nur für Reiche?

Nur für Geld?
Liebe?
Entstellt?

Ich liebe,
Ohne Worte,
Ohne Geld,
Ohne Traum
Ohne Märchen
Hier und jetzt
Dich!

Auch wenn man schon älter ist, gibt es Situationen, in denen man in sich die blanke Wut spürt. Mir jedenfalls geht es so und nicht zuletzt im Arbeitsleben. Missverständnisse bringen Abmahnungen, zerren an der geglaubten guten Beziehung, reißen sie auseinander, bringen Tage des Schweigens und der kalten Blicke. Manchmal ist so eine Wut ein guter Anlass mich zu besinnen, neue Wege zu gehen, einen Neuanfang zu machen. Aber auch wird so eine Wut zum Anlass in mich zu gehen, mich zu fragen, warum ich so reagiere, warum ich blind werde für die Situation des anderen Menschen, der vor mir steht. Was ist es, was noch aufgearbeitet werden muss? Wo ist mein wunder Punkt?

Wut, blanke Wut!

Wut, blanke Wut!
Es kocht in mir,
Ich sag es dir!
Ich habe Mut!
Wut, blanke Wut!

Mein Puls pocht laut.
Der Zorn mir aus den Augen schaut.
Mein Blutdruck ist hoch,
Du wagst es doch?!
Ich habe Mut!
Wut, blanke Wut!

Kein Mitgefühl,
Die Blicke kühl.
Kein Wort der Freundschaft.
Die Trennung klafft!
Wut, blanke Wut
Nimmt mir den Mut.
Verständnislos?
Wo leb ich bloß?
Was ist geschehen?
Wie soll es weiter gehen?
Wut blanke Wut,
In mir Verzweiflung ruht.

Wütendes Schweigen
Macht den Reigen.
Nicht nur ich bin dabei.
Nun, es so sei!
Wut blanke Wut,
Ich nehme den Hut!

Nur Missverstehen?
Die Wahrheit nicht sehen?
Kein Fragen, kein Empfinden?
Kann so die Freundschaft schwinden?
Wut, blanke Wut!
Das geht nicht gut!

Das geht nicht gut,
In mir Verzweiflung ruht.
Wut blanke Wut
Nimmt mir den Mut.

Ich nehm' meinen Hut.
Ich geh meine Straße.
Eine neue Chance ich erfasse,
Zur Seite ich lasse
Wut blanke Wut.
Ich habe Mut!

Die Quelle des Seins

Abend, der Tag ist vorbei.
Beendet die Raserei,
Ich suche die Stille,
Es ist mein Wille
In einer Ecke mich zu versenken,
Ins Denken,
In deines Geistes Kraft,
Die alles schafft.
Die Quelle des Seins
In mir
In dir
Dein Leben ist meins.

Deine Kraft ist mir gegeben,
Sie heißt Leben!
Des Lebens Kraft in mir erwacht,
Ich werde zur Quelle deiner Schöpferkraft!
Jesu Worte erwachen in mir,
Keinen Krug, eine Quelle erschaffte Gott mit dir.
Glaube an Deine Göttlichkeit!
Der Weg ist nicht weit!

Die Quelle des Seins
In mir
In dir
Dein Leben ist meins.

Gott zu erfahren,
In uns zu bewahren,
Sein Leben, Seine Freude, Seine Kraft
In uns in neuem Kleid erwacht.
In neuen Farben und neuem Singen
Gottes Stimme wird erklingen
Es ist die Zeit und wahr
Gottes Reich in uns ist da.
Die Quelle des Seins
In mir
In dir
Unser Leben ist eins.

__Frau__
__Sein__

Frau Sein
Ich sein
Weibliches
Leben
Leben
geben
Mit Freude
schenken

Schöpferisch denken
Liebe zum Leben
Liebe geben·
Visionen und Träume
Eröffnen uns Räume
Der Frauen Weisheit
Freude und Leid

Ein stilles Erbe

Süß und herbe

Jahrhunderte Erleben

Traditionen weben

Frau Sein

Der Schöpfung Quelle

Des Ozeans Welle

Des Himmels Lachen

Feuer entfachen

Göttliche Weiblichkeit

Frau Sein befreit!

Viele Stunden meines Lebens habe ich der Frauensfriedensbewegung gegeben. Ich habe nachgedacht über das Schicksal der Frauen, ihre Geschichte, ihr Leben, ihre Freuden und Leiden. Ich habe versucht zu verstehen, was es bedeutet Frau zu sein. Dabei sind viele meiner Erfahrungen und Erkenntnisse auch zu Gedichten geworden.

Der Tradition trotzen

Der Tradition trotzen!
Dem Ruf des Geistes folgen,
Aufschreien,
Sich widersetzen,

Neue Wege gehen,
Widerstehen!

Frauen aus Jahrtausenden,
Bewahrerinnen des Geistes,
Hüterinnen der Kultur!
Aufbrechen,
Vorwärts gehen,
Widerstehen!

Aufschrei des Geistes,
Enthüllen der Lügen!
Knie nicht beugen!
Sich erheben!
Aufrecht gehen,
Widerstehen!

Göttinnen suchen,
Göttin sein.

Die Seele schützen,
Eindringen verwehren,
Weibliches ehren,
Sich wehren!

Freiheit erringen,
in mir erkämpft!
Bewusstsein erschafft,
allen verkündet.
Nicht angekettet,
Errettet!

Frohes Erwachen,
Frei von Schuld!
Kein Sündenkult!
Des Geistes Wind,
Der Gegenwart Kind
wir sind!

Weisheit und Würde,
Anmut und Schönheit.
Lust der Poeten,
Wieder ermahnen,
Rechtes bewahren,
Erfahren!

Mystik der Liebe,
Der Hingabe Lied.
Reichtum der Seele!
Auferstehen,
Visionen sehen!
Weitergehen!

Der Tradition trotzen!
Erleuchtungen folgen!
Kulturen eröffnen!
Anstöße geben,
Uns bewegen
Leben!

Ich habe es gewagt!

Ich habe es gewagt!
Ich habe nein gesagt!
Heute einen Vortrag geben?
Nein, heute will ich leben!

Aufstehn, früh um sieben?
Nein ihr Lieben!
Ich bleibe im Bett!
Bestimmt, aber nett,
Habe ich es gesagt,
Ich habe es gewagt!

Frühstück und Lunch?
Heute gibt es Brunch!
Alles ist im Kühlschrank zu haben,
Wer will kann sich laben.
Kochen soll ich heute?
Nein liebe Leute!
Einen Kaffee um zehn,
Später können wir gehen.
Heute essen wir Eis,
Mit Himbeersoße, heiß!

Ihr wollt um zwölf essen?
Das könnt ihr vergessen!
Ich habe es gewagt,
ich habe nein gesagt!

Ich sitze und lese Karl May,
Winnetou, Old Shatterhand ist auch dabei.
Ich stricke und lache,
Die Wäsche ist nicht meine Sache!
Heute bin ich faul
Wie ein alter fetter Gaul!
Ich genieße das Leben,
So ist es eben!

Schreiben, malen und lesen
Ist nie so schön gewesen!
Meine Gedanken schweifen dahin,
Erkunden des Lebens Sinn.

Eine Tasse Kaffee mit Sahne,
Heute bin ich ganz Dame!
Trockener Kuchen? Nein!
Heute muss es Schwarzwälder sein!

Dann ein Bad mit Kerzen
Und Musik für die Herzen.
Rosenblätter für das Bad,
Oh wie gut das tat!
Ich bin so fröhlich
Im Tanze dreh ich mich!
Ich habe es gewagt
Ich habe nein gesagt!
Johnny Cash, Elvis und Cat Steven
So bin ich mir treu geblieben.

Mit meinen Mädchen schwatzen, lachen,
Was können wir heute noch Verrücktes machen?

Tetris, Scrabble, Monopoly spielen,
Nur ein paar Ideen von vielen.
Ich genieße den Tag in vollen Zügen!
Will mich etwa jemand rügen?

Heute bin ich nicht zum Arbeiten gegangen,
Hab auch nicht mit Putzen angefangen.
Alle Pflichten habe ich missachtet,
Nur nach meinem Glück getrachtet.

Ich habe mich befreit vom Zwang
Und allem innerlichen Drang.
Ein Loblied habe ich gesungen
Und das hat wunderschön geklungen.

Ein Lob auf Freude, Liebe, Leben
Oh Gott, das hast Du mir gegeben.
Drum werde ich's aufs Neue wagen
Mal nein zu sagen!

Mal nein sagen, das ist meine ganz persönliche Empfehlung an alle Frauen. Es ist schwer, denn wir sind gewohnt alles zu tun, alles auf uns zu nehmen. Wir fühlen uns verantwortlich für alles und jeden in unserer Umgebung. Doch, sind sich die Menschen um uns bewusst, was wir alles opfern? Sind wir uns dessen bewusst? Ich war es nicht. Mal nein sagen hilft und eröffnet neue Perspektiven!

Frau Sein ist Macht!

Ach was!
Frau Sein war Qual!
Es schreit in mir:
Laut, immer lauter, unüberhörbar.
Es schreit in mir:
Wut, Ärger, Machtlosigkeit
Fürwahr.
Es schreit in mir:
Groll, Angst, Würdelosigkeit.
Es schreit in mir:
Erbe der Geschichte!

Frau Sein ist Qual!
Der Geschmack ist fahl.
Hexen und Feuer,
Lustobjekt
Versteckt,
Verlacht,
Nie geachtet,
Als Sklave verpachtet.
Die Geschichte klagt:
Frau ist Magd.

Frau Sein ist Freiheit!
Der Feminismus hat es gebracht,
Neues Bewusstsein erwacht!

Freiheit zu lernen,
Freiheit zu leben,
Freiheit zu lieben.
Doch, wo ist das Frau Sein geblieben?
Arbeit und Lohn,
Der Freiheit Hohn!
Es gilt das Geld, die Arbeit, Karriere.
Für uns Frauen eine neue Barriere!

Frau Sein ist Vielfalt!
Das Rufen der Gesellschaft schallt:
Die Familie pflegen,
Kinder erziehen,
Berufe und Forschung,
Pädagogik und Verwaltung,
Künstlerisch schaffen!
Frau Sein ist Vielfalt!

Frau Sein ist Arbeit,
Arbeit ohne Ende!
In der Wirtschaft Hände,
Die Gesellschaft plant,
Ich habe es geahnt.
Solange wir schaffen und tun,
Können andere ruhn'.
Die Karriere ist wichtig,
Alles andere nichtig.
Ohne Geld kann ich nicht leben,
der Familie keinen Segen geben.

Frau Sein ist Qual!

Ich habe keine Wahl,
Der Geschmack ist fahl.
Es schreit in mir,
Laut immer lauter, unüberhörbar.
Es schreit in mir:
Wut, Ärger, Machtlosigkeit!
Fürwahr
Groll, Angst, Würdelosigkeit!

Es schreit in mir:
Frau Sein ist Leben!
Ich kann alles geben,
Ich kann alles nehmen.
Über mich hat keiner Macht!
Das wäre doch gelacht.
Ich kann mich wehren,
Keinem Einlass gewähren!
Meine Würde leben.
Ich habe die Macht,
Leben zu geben,
In Freude zu leben,
Groll und Angst zu besiegen,
Zu lieben!

Frau Sein ist Wahl!
Mein Leben gestalten,
Nach Lust und Laune walten.
Malen oder Singen,
Boxen oder Ringen,
Mutter oder Geliebte.
Niemals Zwangsprostituierte!

Sprachen oder Wissenschaften,
Was wir wollen ist fröhlich lachen,
Unser Leben leben,
Freiwillig Liebe geben!

Frau Sein ist Macht!
Macht zu lieben und Leben zu geben,
Macht zu gestalten und zu verwalten,
Macht zum Ja,
Macht zum Nein.
Wer kann ohne uns sein?

Das Röslein

Wenn ich an Würde und Schönheit denke, fällt mir immer dieses Gedicht von Goethe ein, das ich in meiner Kindheit als Lied von meiner Mutter gelernt habe:

Sah ein Knab ein Röslein stehn',
Röslein auf der Heiden;
War so jung und morgenschön,
Lief er schnell, es nah zu sehn,
Sah's mit vielen Freuden,
Röslein, Röslein, Röslein rot.
Röslein auf der Heide.

Knabe sprach: "Ich breche dich,
Röslein auf der Heiden";
Röslein sprach "Ich steche dich,
Dass du ewig denkst an mich,
Und ich will's nicht leiden"
Röslein, Röslein, Röslein rot.
Röslein auf der Heide.

Und der wilde Knabe brach
s' Röslein auf der Heiden.
Röslein wehrte sich und stach,
Half ihm doch kein Weh und Ach,
Musst' es eben leiden.
Röslein, Röslein, Röslein rot.
Röslein auf der Heide.

Traurig gemacht hat mich der letzte Vers, jedes Mal,
wenn ich das Lied gesungen habe. So müsste es
nicht enden, so sollte es nicht enden. Die Rose hat
das Recht ihre Schönheit und Würde zu leben.
Genauso empfinde ich, wenn ich die Gesichter der
Frauen sehe, hier in Deutschland, in Südamerika,
Afrika, in allen europäischen und asiatischen
Ländern, überall auf der Welt und in meiner engsten
Nachbarschaft. Jede Frau hat das Recht, ihre
Schönheit in Würde erstrahlen zu lassen und ihr
Leben in Würde zu genießen. Jede Frau besitzt eine
innere Krone der Würde, Anmut, Schönheit und
Liebe. So möchte ich eine neue abschließende
Strophe singen. Ich denke, Goethe wird es mir
zugestehen:

Und der wilde Knabe sprach:
„Röslein auf der Heide
Jammere doch kein Weh und Ach
Blühe weiter, sing und lach,
Musst es nimmer leiden!"
Röslein, Röslein, Röslein rot,
Röslein auf der Heiden!

Das wünsche ich mir für alle Frauen, kein Leiden
mehr, nur noch Freude und Lachen.

Ich brauche dich, weil ich dich liebe.

Zum Putzen, zum Wachen, zum Kinderkriegen,
Zum Bügeln und Kochen und Babys wiegen?
Lehrer besuchen, Hausaufgaben machen,
Rechnungen schreiben und andere Sachen,
Fahrten arrangieren, Termine verlegen,
Immer zu tun, sich regen bringt Segen!

Liebst du mich?
Oder gebrauchst du mich?

Geld verdienen, Halbtagsstelle,
Essen machen auf die Schnelle,
Hosen nähen, Socken stopfen
Und die Blumen noch umtopfen.
Nachts dann nach des Tages Plackerei,
Geliebte sein, dann ist's vorbei.
Der Tag ist um, ich schlafe ein
Muss das so sein?

So brauchst du mich?
Und sagst: „Ich liebe dich"?

Schmerzen mich plagen,
Gefühle versagen,
Nur Schauspielerei
Die Lust ist vorbei.
Wo ist mein Ich,
Wo mein Gesicht?
Bin ich noch froh?

Liebst du mich so?

Ich frage mich,
Wo stehe ich?
Wie ein Löffel für die Suppe?
Wie für das Kind die schöne Puppe?
Wäscherei, Bäckerei,
Kanzlei, vielerlei?
Du brauchst mich,
Darum liebst du mich?

Allerlei, vielerlei,
Wäscherei, Schneiderei
Bäckerei, Kanzlei,
Einerlei!

Schreiben und Lesen
Sind seit jeher meine Freunde gewesen.
Mein Stift versteht
Was in mir vor sich geht.
Entfacht ist die Glut,
Es brennt das Feuer der Wut.
In meine Hände nehme ich nun
Entscheidung über Arbeit und besinnliches Ruhn'!

Ende meiner inneren Sklaverei,
Es ist vorbei.
Meine Sinne erwachen,
Das Feuer entfachen!
Würdevolles Leben,
Das kann ich mir geben!

Meine Würde entdecken,
Freude wecken,
Visionen erkennen,
Meine Wünsche nennen.

Würdevolles Tun habe ich entdeckt
In der Freude die Freiheit geweckt.
So kann ich es wagen
Ganz offen zu sagen
Wie seit Jahren, so liebe ich dich,
Aber ich gebrauche dich nicht!
Du brauchst mir nichts geben,
Ich lebe mein Leben.
Freiheit nehme ich mir,
Freiheit gebe ich dir.
Würde lebe ich,
Würde gebe ich.
Ich achte mich
Und achte dich.
Ich will leben
Und Liebe geben.
Ich liebe dich!
Darum brauch ich dich!

Ich warte auf dich

Heimkommen, Fernsehen beim Kaffeetrinken,
Die Nachmittagsnachrichten winken.
Man muss doch wissen,
was in der Welt passiert:
Abendessen, am Fernseher bleiben,
konzentriert!
Bis spät in die Nacht
Bleibst du wach.
Dokumentationen sehen,
Was wird es sonst noch heute geben?
Nachrichten um acht,
Dann um halb zehn,
Die Welt bleibt eben niemals stehen.
Ein Flugzeug verschwunden,
Mit Terroristen verbunden?

Vielleicht wird man nun endlich verstehen?
Die Welt ist am Ende!
Zusammenbruch der Welten,
Banken sind nun endlich pleite.
Man spürt die Tragweite,
Ein Neubeginn?

Warum habe ich dafür nur keinen Sinn?
Stunden um Stunden vergehen.
Ich möchte nichts mehr sehen,
Nichts mehr hören!
Das Fernsehen beginnt mich zu stören.

Ich möchte reden, lesen, denken,
Mich in Kommunikation versenken.
GM, Barak Obama, Bin Laden und Co,
Mein Leben bestimmen sie nicht,
bin ich froh!

Mein Leben lenke ich in andere Bahnen.
Du kannst es nicht ahnen.
Nur die Welt interessiert dich so.
Am Fernseher bist du froh,
Du lachst und lachst...!

Doch ich höre es nicht.
Ich sitze im Licht,
Am PC und höre meine Musik,
Beatles, Dylan, Ryan und Elvis!

Sie sind die Kulisse für mein Denken.
Musik kann mir die Freiheit schenken,
Die Freiheit zu schreiben und lesen,
Die Freiheit nicht das Reden des Fernsehers zu
hören,
Die Freiheit meine Gedanken nicht zu stören.

Kannst du mich verstehen?
Kannst du meine Gedanken sehen?
Ich schreibe sie auf,
Doch wirst du sie lesen?

Ich habe dir manches Gedicht gegeben,
Mich dir offenbart,

Mit Worten nicht gespart,
Dir mein Herz übergeben,
Mein Leben,
Meine Freude,
Meine Trauer,
Meinen Kampf.
Siehst du das in der Welt?
Was ist es, was dir dort so sehr gefällt?

Mein Leben habe ich dir gegeben,
Kannst du mir etwas deiner Zeit geben?
Ich weiß es nicht,
ich warte auf dich
ich liebe dich.

Gedichte meiner Töchter

Warum?

Warum geht es um alles?
Und dennoch um nichts?
Geld, Macht, Gier! Egoistisch!
Warum?
Warum kann man nicht mal da sein für andere?
Immer gegeneinander?
Muss das sein?
Füreinander!

Das ist so viel schöner!!!!
Warum? Warum macht das keiner?
Warum will keiner etwas von dem anderen wissen?
Warum denken alle nur über das was sie haben?
Oder nicht!
Kann man nicht füreinander?????
Tut euch doch mal was Gutes!!!!
Denkt mal an andere!
Wie kann man so egoistisch sein?
Über andere urteilen, fertig machen, kaputt
machen,
Wie geht das? Warum?
Warum das Ganze????

Micaela Lindemann, 2008

Meine Schwester

Seit ich denken kann
Ist sie da,
Größer, älter,
Anders als ich.

Was sie denkt?
Ich weiß es nicht.
Wohin sie geht?
Sie sagt es nicht.
Warum wird sie wütend?
Ich verstehe es nicht.

Aber seit ich denken kann
Ist sie da,
So anders als ich.

Sie ist da,
So anders als ich.
Wie oft haben wir gestritten
Und uns wieder versöhnt.
Warum das so ist?
Ich weiß es nicht.
Seit ich denken kann,
Ist sie da,
Größer, älter,
Ganz anders als ich.

Warum sie lacht?
Warum sie weint?
Ich weiß es nicht.
Aber ich lache mit ihr,
Ich weine mit ihr.

Seit ich denken kann,
Ist sie da.
Heute ist sie fort,
Ausgezogen,
An einen anderen Ort.
Ich fühle mich einsam,
Bin so alleine.
Ich weine.

Seit ich denken kann
War sie ganz nah.
Meine Schwester,
Wann bist du wieder da?

Von Andrea an Micaela, 2006

15 Minuten pro Tag

Nur 15 Minuten am Tag für mich; 15 Minuten Stille, ohne Unterbrechungen zu erlauben, nur für mich. Das war ein Experiment das so leicht schien und doch so schwer war. Ich wollte nicht nachdenken, nur die Gedanken kommen lassen, die sich zu Worte meldeten und ihnen zuhören. Ich habe meine schweigsame Seele und ihre Gefühle kennen gelernt in diesen 12 Tagen.

Tag 1: Sehnsucht nach Leben

Ich will nicht mehr
Ich sehne mich so sehr
In meinem Wesen
Nach Schreiben, Lesen,
Schöpferischem Tun,
Ruhen.

Oh das doch Tränen rinnen!
Oh doch nur Zeit gewinnen!
Jeder Tag fliegt vorbei,
Raserei
Im wilden Tun
Ohne Ruhn.

Eine viertel Stunde nur,
Eine innere Kur.
Der Seele Schrei
Fliegt vorbei.

Kein Tun, nur Ruhn'.
Freude am Leben,
Nach Schönem streben,
Ankommen im Ich,
Ich sehne mich.

Ein Weg von Birken
gesäumt,
Geträumt.
Bis zum Himmelszelt
Hinaus aus der Welt.
Unendliche Strände,
Licht ohne Ende.

Grillen geigen,
Schmetterlinge im
Reigen.
Ich tanze mit
Schritt um Schritt.

Ich atme die Sonne
Voller Wonne.
Ich berühre den Wind,
Himmlisches Kind.

Ich rieche die blaue
Himmelsaue.
Hier will ich bleiben
In der Dichter Reihen.
Träume weben,
Leben!

Tag 2 : Suche

Ich schaue mich an.
Was ist's das ich gewann
In den Jahren meines Lebens,
Endlosen Gebens ?

Arbeit und Tun
Ohne Ruhn.
Immer nur Rennen,
Keine Müdigkeit kennen-
Immer nur machen
Tausend Sachen.
Immer nur geben,
Aber leben?

Wie ein Hamster im Rad,
Ich drehe mich
Auf dem gleichen Pfad.

Kein Ende,
Selbst im Ruhn',
Nur Denken ans Tun.

Selbst beim Lesen
Was ist der Nutzen gewesen?
In mir rennt es,
Brennt es.

Ich brauche Zeit!
Ich will ruhn',
Nichts tun,
Nichts denken,
Mich versenken.
Mich in der Sonne wärmen,
Mit den Vögeln ausschwärmen.
Nichts geben,
Nur leben.

Ich schaue mich an.
In der Tiefe meines Seins
Spüre ich Licht.
Ich erreiche es nicht!

Tief und weit
Versteckt unter Leid,
Versenkt in mir,
Glimmt es hier.

Quelle der Kraft, des Lebens!
Ich versuche vergebens
Mich zu verbinden,
Mein Leben zu finden.

Ich schaue mich an.
Was ist's das ich heute gewann?
Das Wissen um Leben
Das mir gegeben,
Das in mir ruht.
Das tut gut!

Tag 3: Felsen des Schweigens

Ich finde in mir
Einen See von Tränen,
Nie geweint,
Versteckt
Unter Felsen des Schweigens.

Sie drängen empor.
Sie drängen,
Drängen
Unter Felsen des Schweigens.

Ich finde in mir
Blutende Wunden,
Nie geheilt,
Versteckt
Unter Felsen des Schweigens.

Ich finde in mir
Schreie um Hilfe,
Nie gehört,
Versteckt
Unter Felsen des Schweigens.

Ich finde in mir
Feuer der Wut,
Nie gelöscht,
Versteckt
Unter Felsen des Schweigens.

Ich finde in mir
Sehnsucht nach Leben,
Nie erfüllt,
Versteckt
Unter Felsen des Schweigens.

Ich finde in mir
Eine Frau,
Unerkannt,
Versteckt
Unter Felsen des Schweigens.

Ich finde in mir
Leise Tränen.
Sie steigen
Empor
aus den Felsen des Schweigens

Tag 4: Erlösung

Verlassen,
Alleine gelassen!
Ich schreie und weine
Alleine.

Mein Vater geht,
Sein Grabstein steht.
Ich schreie und weine
In mir
Alleine.

Verzweifelt und krank,
Meine Welt wankt.
Kein Schreien, kein Weinen!
Ich gehe
Alleine.

Geschlagen, getreten.
Was hilft Beten?
Schreien, Weinen?
Verboten!
Ich leide.

Lug und Trug?
Nicht mit mir, nein!
Ich kämpfe ums Sein.
Kein Schreien, Kein Weinen,
Allein.

Sünde und Fall
Endlose Qual
Ich will schreien, weinen!
Meine Kehle ist zu.
Gott, wo bist du?
Ich bin allein.

Zurück im Hier,
Aber nicht im „Wir".
Ich bin ich!
Ich will weinen,
Alleine.

Ich kann nicht weinen,
Ich kann nicht schreien.
Felsen des Schweigens,
Endloser Reigen!
Ich sündigte!
Alleine.

Der Erinnerung Ketten,
Nichts kann mich retten,
Schreie und Tränen
Erstickt in mir, sündig vor dir.
Ich alleine.

Als Mutter alleine.
Die Kinder, auch deine,
Verzweiflungstat, kein Rat.
Kämpfen, Gehen,
Wie in den Wehen.

Kein Schreien, kein Weinen,
Alleine
Jahre vergehen,
Kein Verstehen.

Felsen des Schweigens,
Meer der Tränen,
Glut der Wut
Im Vulkan verborgen,
Wartend auf morgen.

Der Morgen ist da!
Es ist wahr.
Befreiung der Schreie,
Fließen der Tränen,
Viele Stunden,
Heilen der Wunden.

Geborgene Einsamkeit!
Eine neue Zeit,
Kein Schreien und Weinen,
Keine Ketten, keine Leinen,
Keine Felsen, kein Schweigen!
Des Lebens Reigen!

Tag 5: Das Licht der Hoffnung

Ein Licht
In mir
Wie Kerzenschein,
Unbeständig
Flackernd,
Klein, warm,
Aber wahr.

Wärme
Steigt empor
In meiner Mitte
Wie Kerzenschein,
Klein,
Unscheinbar,
Aber wahr.

Schatten der Felsen,
Nebel der Nacht,
Schweigend,
Steigen empor,
Verdunkeln
Das Licht.
Klein,
Unscheinbar,
Aber wahr.

Es wächst
Langsam,
Stetig,
In mir
Hin zu dir.

Klein,
Unscheinbar,
Aber wahr.

Hoffnung erhellt
Meine Welt.
Drohende Felsen
Weichen zurück
Vor dem Licht.
Bleiben als Schatten,
Ermatten.

Ich nähre das Licht,
Klein,
Unscheinbar,
Aber wahr.

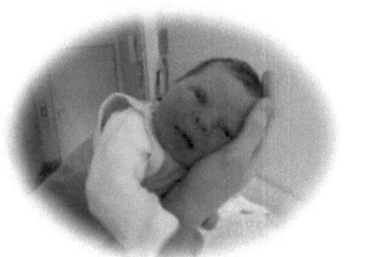

Tag 6: Neues Leben

Bis in die Nacht
Halte ich Wacht.
Worte fließen
Wie Honig und Milch
Durch mich hindurch
Zu den hungrigen Seelen.

Wunder der Liebe,
Pracht der Schöpfung.
Neues Leben
Wird gegeben
In dieser Nacht.
Ich halte Wacht.

Zwei Tage, zwei Nächte
Sie fliegen vorbei.
Illusion der Zeit,
Ewigkeit!
Die Stunden stehen,
Die Tage vergehen,
Keine Grenzen bestehen.

Wunder der Schöpfung!
Staunendes Lob!
Hoffnung geboren!
Vertrauende Liebe,
Umarmende Weisheit
Gegeben- Neues Leben!

Tag 7: Das Licht bist du!

Wieder frage ich mich
Wo bin ich?
Wo ist das Licht,
Die Ruhe in mir?
Ist es wahr
Was ich sah?

So schnell vorbei,
Versunken,
Ertrunken
In Trubel und Raserei.

Ich gehe und rufe
Auf der Suche.
Zur späten Stunde,.
Erneute Runde

Ich frage den Wind,
Des Himmels' Kind,
Den Mond und die Sterne,
Sie antworten gerne.

Doch versteh' ich sie nicht.
Sie erleuchten mich
Und rufen mir zu:
„Das Licht, das bist du!"

Oh würde ich's sehen,
Verstehen,
Erkennen,
Mein eigen nennen!

Noch ist es so dunkel,
Kein Sternengefunkel.
In mir ist es kalt
Wie ein düsterer Wald.
Der Schatten der Nacht
In mir die Angst erwacht.

Keine Kraft zu gehen,
Keine Stärke zum Stehen!
Ein Schimmer nur blieb zurück
Von der Erkenntnis Glück.
Er erhellt meine Nacht,
Mir Hoffnung macht-

Ein Schritt ist gemacht,
Ein Ahnen erwacht.
Ich will es festhalten,
Bewahren vor dem Erkalten,
Schützen und Nähren.
Oh Gott, mögest du mir mehr Zeit gewähren!

Tag 8: Heilende Liebe

Du hast mir vergeben!
Wirklich?
In deinem Herzen?
Noch hast du Schmerzen.

Gott hat mir vergeben!
So sagst du mir.
Ich glaube dir.
Der Wille Gottes,
Unanfechtbar,
Unantastbar,
Unergründlich,
Unverständlich.

Darum vergibst du mir?
Darum leb ich mit dir?
Ist das ein Scherz?
Mein Herz schmerzt.

Nur wenn du richtest kannst du so leben.
Nur wenn du anklagst kannst du vergeben.

Gott klagt mich nicht an!
Gott liebt mich so sehr!
Seiner Engel Heer,
Zum Schutz gesendet,
Hat mein Denken beendet.

Seine Liebe heilt meine Wunden,
Meine inneren Schrunden
Seine grenzenlose Liebe dringt in mich ein
Wie bester Wein.

Ekstase der Liebe durchbohrte mein Herz,
Umarmende Wärme nahm mir den Schmerz.
Tanz der Liebenden in der Nacht,
Deiner gedacht!

Nie mehr verbannt,
Nie mehr verkannt!
Keine Schuld oder Sühne,
Nur endlose Liebe!

Tag 9: Der Mutter Sehnsucht

*Nicht vor langer Zeit traf ich endlich meine Mutter.
In den Wirren der Nachkriegszeit musste sie mich zur
Adoption frei geben und ein Dokument
unterschreiben, dass sie mich nie suchen würde. An
diesem neunten Tag sind meine Gedanken zu ihr und
ihrem Jahrzehnte dauernden Schmerz gewandert.*

Ich muss diesen Weg gehen
Um zu verstehen
Deinen Schmerz,
Dein Herz.

Trennung für immer,
Wiedersehn nimmer,
Von deiner Brust gerissen
Ohne mein Wissen.

Keine Hoffnung mehr!
Es schmerzt zu sehr.
Jedes Kind lacht dich an.
Vielleicht doch irgendwann
Ein Wiedersehn,
Verstehen?

Das Lachen schmerzt.
Maske, selbst im Herz.
Keine Freude im Tun,
Sehnsucht im Ruhn
.
Wo nur wohin bist du gegangen?
In den Fängen des Gesetzes bin ich gefangen.
Ich darf dich nicht suchen,
Nicht rufen!

Ich weiß nicht, mein Kind
Wer deine Eltern jetzt sind.
Deinen Namen kenne ich nicht.
Überall sehe ich dein Gesicht.

In der Straßenbahn!
Mich begleitet der Wahn!
Eine Frau, edel und fein -
Sie kann deine Mutter jetzt sein.
Sie ruft ein Kind,
Es kommt geschwind.

Oh wärst du's gewesen!
Gesund, genesen,
Froh und lachend,
Eine Mutter, wachend.

Doch meine Sorgen
Sind da, jeden Morgen.
Begleiten mich fragend,
Anklagend.
Keine Vergebung in mir,
Erlösung wünsche ich mir!

Jetzt bin ich angekommen.
Endlich zerronnen
Alle Tränen, alle Sorgen!
In der Vergangenheit verborgen!
Wurzeln für mich, Erlösung für dich!

Tag 10: Wege des Erkennens

Meinem Mann gewidmet

Du bist diesen Weg gegangen
Lange bevor ich angefangen.
Oft habe ich dich angeklagt,
Im Verstehen versagt.

Missachtet hab ich deine Sorgen,
Im Schweigen verborgen.
Verletzt hab ich dein Herz,
Nie hab ich verstanden deinen Schmerz.

Dein Kampf um Kraft!
Ich habe es nicht geschafft,
Deine Sorgen zu verstehen,
Deine Mühe zu sehen.

Jetzt bin ich angekommen.
Alle Kraft ist mir genommen.
Ich will nicht mehr!
Alles ist so schwer!
Ich kann kaum gehen,
Nur kurze Zeit stehen.

Meine Seele schreit!
Es ist so weit.
Ich muss diesen Weg gehen,
Um dich zu verstehen.

Tag 11: Gott hat es gegeben

Das Wichtigste in meinem Leben
Gott hat es gegeben.
Tief in meinem Wesen,
Nur für mich zu lesen.

In mir versenkt,
Geschenkt,
In mich gelegt,
Für meinen Weg.

Er will es erwecken.
Ich darf's nicht verstecken.
Es darf nicht verblassen.
Nicht bleiben im Schatten.
Meinen Weg kann ich gehen
Nur im Verstehen
Um das, was Er gegeben.

In mir versenkt,
Geschenkt,
In mich gelegt,
Für meinen Weg.

Das Wichtigste im Leben
Ist, was Er gegeben;

Das Göttliche in meinem Sein
Wie reiner Wein,
Wie aus der Quelle das Wasser fließt,
Sich Sein Wesen in meine Seele ergießt.

Die Quelle gebiert den Fluss.
Meine Seele gebären muss!
Sie liegt in Wehen,
Ich muss es verstehen.

In mir versenkt,
Geschenkt,
In mich gelegt
Für meinen Weg.

Das Wichtigste in meinem Leben
Gott hat es gegeben!

Tag 12: Nordwind

Rau wie der Wind des Nordens,
Unzugänglich, wie Klippen,
Streng wie der Sturm, der die Wellen an den Strand
peitscht,
Stumm wie die Felsen,
Ergriffen stehst du
Schauend das Abbild deines Wesens.

Ich wünsche mir eine Brise,
Zart,
Die die Wipfel der Bäume streichelt
Die die jungen Vögel über die Wellen trägt,
Hin zum sicheren Nest.

Sehnend stehe ich
Lausche im Schweigen deine Gegenwart.

Was wünschst du dir?
Schweigen im Sturm?
Verständnis in der Stille?
Bezwingen der Felsen deines Innern?
Antwort auf nie gesprochene Worte?
Verlangend schweigst du,
Schreiend im Sturm deiner Gefühle.

Brich dein Schweigen
Wie die Wellen am Felsen deiner Klippen.
Besänftige deinen Sturm,
Trage die Kinder deiner Seele
Ins sichere Nest
Umarmt in der Grenzenlosigkeit
Der ruhenden Liebe!

Gebete

Wer bist du?

Ich sage zu dir,
Oh Herr!
Wenn ich staunend in den Himmel schaue
Und hoffend deiner Hilfe traue.

Ich rufe dich
Oh Gott!
Wenn mir Verzweiflung droht,
Sie in den Tiefen meiner Seele wohnt.

Ich sage zu dir
Mein Vater!
Wenn ich hoffend die Stärke Deiner Arme suche
Und dich aus dem Universum zu mir rufe.

Ich sage zu dir
Meine Mutter!
Um mich in deiner Liebe zu versenken;
Wenn ich dich bitte, du mögest Trost mir schenken.

Ich nenne dich
Mein Freund!
Um dir meine Gedanken mitzuteilen,
Wenn ich fürchte, mich könne die Einsamkeit
ereilen.

Ich sehe dich
In meinem Mann
Wenn ich Dir nah sein möchte
So nah wie ich es nur durch ihn sein kann.

Ich finde Dich
In meinem Kind
Wenn ich mit dir lachen und tanzen will,
So froh sein möchte, wie nur Kinder sind.

Ich frage dich
Wer bist du?
Dann antwortest du:
Ich bin du!

Dann frage ich dich
Wo bist du?
Mit der Antwort zögerst du nicht:
Ich bin in dir.

Du bist in mir,
So groß wie mein Herz,
So schützend wie mein Vater,
So tröstend wie meine Mutter,
So begleitend wie mein Freund,
So nah wie mein Mann,
So froh wie mein Kind.

Ich sehe dich
Und spiegele mich
In deiner Größe

Und deiner Stärke,
In deinem Herz
Und deinem Verstehen,
In deiner Nähe
Und deinem Lachen.

Jetzt rufe ich dich!
Du bist ich.

Du bist mein Gott

Du bist mein Gott, mein Herr,
In deiner Seele wohnt nur Er,
Aus deinen Augen lächelt Er mir zu,
Er, das bist du.
So wahr, so klar, so nah.

Der Hauch deines Atmens an meinen Wangen,
Seiner Liebe Sehnsucht hält uns umfangen,
Innig hält Er mich in deinem Arm,
An Seiner Brust, so warm.
Deinen Herzschlag spüre ich,
Gottes Odem in meinem Gesicht.

So klar, so wahr, so nah.

Mit deinen Armen umarmt Er mich,
Mit deinen Händen streicht Er über mein Gesicht.

Er flüstert durch dich:
„ Ich liebe dich"
In der Stille unserer Liebe offenbart Er sich.

So nah, so klar, so wahr.

Mit deiner Stimme dringt Sein Wort an meine
Ohren,
Aus unserem Eins Sein werden Seine Kinder
geboren.
Zelle an Zelle sich eng aneinander schmiegt.
Zum Takt der himmlischen Musik
Gott uns in seinen Armen wiegt.

So nah, so klar, so wahr.

Unsere Sinne sind erwacht,
Verschmolzen, im Eins Sein der Nacht.
Wir sind eins,
Gott Vater in dir,
Gott Mutter in mir.
Gott ist wir.

Warum, oh Gott?

Oh Gott!
Was willst du von mir?
Warum bin ich hier?
Was soll ich lernen,
Was soll ich erkennen?

Erzwungene Ruhe,
Beweglosigkeit
Verlängert die Zeit.

Kein Schritt ohne Hilfe,
Kein Wort in die Stille.

Oh Gott!
Was willst du von mir?

Warum liege ich hier?
Warum diese Beweglosigkeit?
Für so unbefristete Zeit?

Doch die Gedanken sind frei!
Sie fliegen vorbei
Wie endlose Schatten.
Ich kann sie erhaschen,
Durch Schreiben sie bannen
Bis in Worten sie Form gewannen.

Oh Gott!
Warum bin ich hier?
Diese Inspirationen
Sie sind von Dir.

Deine Geistin umgibt mich.
Tröstende Arme umschlingen mich.
Sie ruft mich zu sich:
„Diese Zeit, sie ist für dich!
Dies ist im Buch deines Lebens
Die nächste Seite.
Lies nur weiter,
sei heiter!

Such, wenn deine Tränen fließen.
Gute Samen sie dann gießen.
Inspirationen sprießen
Wie bunte Blumen auf den Wiesen!

Die Gedanken sind frei,
Sie fliegen vorbei,
Wenn du im Alltag rennst,
nur Termine kennst."

Jetzt habe ich Zeit.
Meine Beweglosigkeit
Verlängert die Stunden.

Stunden und Tage!
Noch ist es vage,
Doch ich sehe im Ruhn
Gottes Tun.

Oh Gott!
Durch all diesen Schmerz
Öffne ich mein Herz
Für dein Rufen
Und dein Suchen.

Deine Worte, Deine Liebe
Öffnen die Samen in mir.
Sie wachsen zu Trieben,
Zu herrlichen Sprossen.
Wie durch Wunder erschlossen
Hat sich in mir
Von dir
Dein Wesen
Ergeben.

Kein Selbstmitleid
Über verlorene Zeit.
Beweglosigkeit
Schafft mir die Freiheit
Mich zu versenken
In dein Wesen
In deinem Geist.
Wie Trauben an den Reben
Deine Ruhe mich reift.

Jetzt finde ich mich
In der Beweglosigkeit,
In der verlängerten Zeit,
In der Gedanken Freiheit
Treffe ich
Dich!

*(Dieses Gedicht entstand kurz nach einer
Rückenoperation, die mich für Wochen
bewegungsunfähig machte)*

Gedanken zum Thema Zeit

Zeit ist eine nicht fassbare Größe. Zeit kann lang sein, aber auch kurz. Meist empfinden wir, dass wir zu wenig Zeit haben für etwas; dass sie uns davon rennt. Zeit ist aber auch ein Geschenk, ein Geschenk Gottes. Zeit können wir nutzen. Zeit ist gegeben zum Reifen und Wachsen, zum Lernen und Erfahren, zum Nachdenken und Zurückblicken. In jedem Lebensalter haben wir Zeit. Lassen wir sie an uns vorbei rauschen? Geht sie unbemerkt vorbei während wir uns in Aktivitäten stürzen und den Augenblick nicht wahrnehmen?

Friedrich Weinreb, Autor, Professor der Nationalökonomie und Statistik, beschäftigte sich mit Quellen des alten jüdischen Wissens, da er aufgrund seiner chassidischen Herkunft eine persönliche Beziehung dazu hatte. Er schrieb viele Bücher und gab viele Vorträge. Weinreb wurde 1910 in Lemberg geboren und starb 1988 in Zürich. Besonders bewegt hat mich sein Buch „Gott Mutter, Die weibliche Seite Gottes", erschienen im Thauros Verlag. Eine Stelle möchte ich daraus zitieren:

„Wenn wir von der Weiblichkeit im Himmel sprechen, der Himmlischen Mutter, dann ist es für uns wesentlich, das, was im Himmel ist, auch auf Erden zu erfahren, zu sehen, wie sich das hier abwickelt. Denn die Schöpfung ist eine Schöpfung aus dem Sein. Gott schöpft aus dem Sein, also aus seiner Weiblichkeit, denn Sein ist der Sprache nach auch seine Weiblichkeit. Und er schenkt dann, dass Geschöpfte, wie man einen Eimer aus einem Brunnen heraufholt, in eine Rinne, ein Gefäß, einen Becher ein. Ein Geschenk also. Und die Zeit, die rinnt, die fließt und weiterfließt, enthält das Muster aus der Quelle. Der Schöpfer schenkt aus seinem Sein, aus seiner Weiblichkeit schenkt er die Zeit."

Weinreb erlebt und definiert das „Weibliche" in Gott als das „Sein", die Quelle der Schöpfung und verbindet dies mit den Bildern des Alten Testaments, den Geschichten, wo die Frauen, wie z.B. Rebekka, Rahel und Zippora, am Brunnen stehen und Wasser schöpfen. Schöpfung ist das Geschenk, das wir ohne jegliche Voraussetzung oder Grundlage erhalten. Das ist wie die Geburt und die Fürsorge einer Mutter für ihr Kind, bedingungslos, geschenkt, ohne Voraussetzungen. Dies ist weibliche Kreativität in allen Aspekten des Lebens.

Interessant war für mich die Verbindung der Schöpfung mit der Zeit. Zeit ist ein kostbares Gut und erwächst laut Weinreb auch aus dem Sein, aus der Weiblichkeit.

Die Zeit

Die Zeit ist ein Geschenk,
Wenn ich denke,
Mich in deine Wahrheit versenke,
Wenn ich meine Knie beuge
Und deiner Weisheit Ehre bezeuge.

Die Natur weit und breit
Braucht zum Wachsen ihre Zeit.
Keine Tulpe blüht
Verfrüht.
Keine Kirsche rötet ihre Wangen
Bevor die jungen Vögel sangen.
Die Samen sprießen
Zur Frühlingszeit.
Die Trauben reifen
Zur Sommerzeit.
Wir ernten die Früchte
Zur Herbstes Zeit.
Die Erde ruht in der Winterszeit.

Zeit ist die kostbarste aller Gaben,
Doch, wer kann sie haben?

Die Tage verrinnen.
Ohne Besinnen
Verlier ich die Zeit.
Dann ist es soweit!
Was vorgestern noch Zukunft war
Ist heute schon entsetzlich nah.

Es scheint die Zeit zu fliegen,
Wie kann ich sie besiegen?
Wie nach der Schneeschmelze der Fluss
Rinnt sie dahin zu meinem Verdruss.
Im Takt der Minuten, Stunden und Tage
Ich kaum zu atmen wage.
Ich fühle mich bedrängt,
Im Rhythmus der Zeit eingeengt.

Doch bin ich bei Dir,
So kann ich sagen
Brauche ich der Zeit nicht nachzujagen.
Im Eins Sein mit dir,
In den Armen der Liebe
Vergehen alle zeitlichen Triebe.
Dann geht die Zeit
Über in die Ewigkeit.

Deine Liebe lässt mich erkennen
Was das Himmelreich wir nennen.
Dorthin finden unsere Seelen, gereift
Durch das Wachstum in der Zeit.
Als Leiter in die Ewigkeit,
Sehe ich den Wert der Zeit.

Jede Minute, jede Stunde
Bringt mir nun die frohe Kunde.
Das Eins-Sein in der Ewigkeit
Fängt heute an in unserer Zeit.

Als kostbares Geschenk nehm` ich sie an,
Als Hoffnungsträger ich sie lieb gewann.
Als Teil der Schöpfung, aus der Quelle
Schöpfe ich sie, an Rebekkas Stelle.
Zipporah und Rahel haben am Brunnen
Der Zeit in der Schöpfung ein Loblied gesungen.

So wie die Bäume gen Himmel streben
Will ich nun zeitlich im Himmel leben.
Der Fluss der Zeit
Ist mein Wachsen zur Ewigkeit.

Das Verrinnen der Zeit
Im Eins Sein mit dir
Wird zum Boten mir
Deiner Liebe in Ewigkeit.

Gottes Tag

Für Micaela

Dieses Gedicht ist unter anderem auch inspiriert von den Lehren des persischen Mystikers Dschalal ad-Din ar-Rumi. Für Rumi war die Liebe die hauptsächliche universelle Kraft. Gott nahe zu kommen durch und in der Liebe war seine größte Sehnsucht. Rumi gehörte zu einem Sufi Orden, der besonders im Ritual des Tanzes das Eins-Sein mit Gott erfuhr. Berühmt wurde Rumi durch seine Schrifen und Vierzeiler in denen er seine Erfahrungen und sein Erleben mit Gott beschreibt.

Komm! Komm! Wer du auch bist!
Wenn du auch Götzendiener oder Feueranbeter bist.
Komm wieder! Dies ist die Tür der Hoffnung nicht
der Hoffnungslosigkeit.
Auch wenn du Tausendmal dein Versprechen
gebrochen hast.
Komm! Komm wieder! (Rumi)

Jeder Tag ist Gottes Tag.
In meinem Leben
Wird es keine Trennung mehr geben.
Jeder Atemzug ist ein Gebet.
Jeden Schritt Gott mit mir geht.
Den Weg jedoch bestimme ich,
Auch auf Umwegen verlässt Er mich nicht.

Sein liebendes Wissen um mein wahres Ich
Umgibt mich.
Ruhig lässt der Schöpfer mich schaffen,
Aus meinem Ich etwas Neues,
Besonderes machen.

Des Schöpfers Freiheit schenkt mir Zeit,
Zeit zum Erwachen,
Zeit zum Erschaffen,
Zeit zum Verstehen,
Zeit, neue Wege zu gehen,
Zeit zum Erkennen,
Zeit, Wahres mein eigen zu nennen.
Wärme und Licht breiten sich aus
Ich lebe in meines Gottes Haus.
Umarmend flüstert Er mir zu:
„Ich bin wie du,
Ich bin in dir,
Ich das sind wir."

Mit Tränen füllen meine Augen sich.
Kaum zu atmen wage ich.
Jede Zelle ist durchdrungen
von meines Schöpfers Geist.
„Weißt du jetzt, was Eins-Sein heißt?
Steh auf, tanz mit mir!"
So spricht es in mir.
Zu sanften Klängen der Himmelsmusik,
In wogenden Wellen zieht es mich mit.

Freude tief in mir
Eins-Sein im Wir.

Ruhe des Himmlischen Friedens
breitet sich aus
In meines Herzens Haus.
Nie endender göttlicher Liebesakt!
Für den der es wagt
Ist jeder Tag Gottes Tag.

In der Stille der Nacht

In der Stille der Nacht
Bin ich erwacht.
Nur Regentropfen
Höre ich ans Fenster klopfen.
Die Stille rauscht in meinem Ohr.
Aus meinem Inneren treten Bilder hervor.

Ich höre meinen Gedanken zu.
Fragen lassen mir keine Ruh.
Die Gedanken sind frei,
Sie fliegen vorbei.
Keine Grenzen, keine Schranken,
Ihre Kühnheit lässt mich wanken.

Diese Antworten auf meine Fragen
Will ich nicht haben.
Sie sind zu kühn,

Zu ungestüm!
Jenseits aller Tradition,
Meines Lebens Wandel Hohn.

So ungezähmt, so frei
fliegen sie vorbei.

Rasend schnell und tobend
Ihre Unabhängigkeit lobend.
Ohne Meister , ohne Herr,
Wer hört sie denn, wer?
Nur ich höre ihnen zu,
Sie lassen mir keine Ruh.

Auf wage dich,
auf habe Mut!
Sie rufen mich!
Es tut dir gut!

Sie reißen mich mit
Im schnellen Schritt
Zu neuen Welten
Wo keine Regeln mehr gelten.
Wo nur die Liebe wohnt,
Nur sie als Gottheit thront.

Keine Ängste, keine Schuld,
Keine Gnadenhuld!
Nicht mehr als Sünderin verbannt.
Als Gottes Tochter anerkannt
Stehe ich da.

Ja, es ist wahr.

Herausgezogen,
Aus Ihm geboren!
Verzückt steht Gott und schaut
In die Augen seiner schönsten Braut.
Ich sehe mich im Hochzeitskleid
Zum Verschmelzen bereit.

Lange sieht Er mich an,
Berührt mich dann.
Schöpfer und Schöpfung,
Voller Verwunderung,
Schönheit in der Liebe Glanz,
Vereint in der Ekstase Tanz.
Ich lebe in Dir,
Du lebst in mir.

Gott flüstert mir zu:
„Meine Geliebte bist du!"
Gedanken,
jenseits aller Schranken
haben es mir gegeben:
Neues Leben!

In mir ruht Dein Angesicht

Für Gabriel

In mir ruht Dein Angesicht,
Nur in Dir kann ich freudig leben.
Ich kenne Furcht und Ängste nicht,
Glück und Freude willst Du mir geben.
Alles ist dein Schöpfertum,
In dir will ich ewig ruhn

Freude füllt mein ganzes Leben.
Keine Trennung mehr wird es geben.

149

Himmelsmelodien klingen,
Tanzend werde ich immer singen.
Alles ist Deine Wohnung nun,
Alles ist dein Eigentum.

Lachend gehen wir Hand in Hand.
Möwen rufen Lob und Dank,
Wellen spielen mit uns am Strand.
Vögel ziehen am Himmel entlang.
Alles ist reine Freude und Glück,
Keiner sehnt sich mehr zurück.

Himmlische Eltern in Euch lebe ich.
Nie mehr gibt es Du oder ich.
Duft der Blumen erfüllt mein Herz,
Vergessen ist längst aller Schmerz.,
Alle im Anfang und Ende nun
Ewigkeiten im Göttlichen ruhn.

Schönheit der Vielfalt lieben wir.
Vielfalt der Blüten ist unsere Freude.
Gesänge der Sprachen erheben uns zu dir,
Pracht der Farben erfüllt uns auch heute.
In uns schwingt Deiner Liebe Tanz,
In Deine Musik versenk` ich mich ganz.

Loben will ich immer dich.
Ein Ende werde ich niemals finden.
In Gedichten versenke ich mich

Wie einst als Wanderer unter den Linden.
Deinen Atem fühle ich,
Deine Hand streicht mir übers Gesicht.

Vollkommenheit uns gegeben war,
Zweifel wird es nie mehr geben!
Der Himmel ist so sternenklar.
In Deiner Liebe wir alle leben.
Verbunden sind wir im Friedensland!
Brüder und Schwestern, Hand in Hand.

(Zu singen nach der Melodie von
„ Großer Gott wir loben Dich")

Jahresübergang

Ich vertraue mich dir an,
Ich gebe mich in deine Hände.
Alles Denken hat ein Ende,
Ist Begrenzen.

Unendlichkeit
Finde ich nur
In der Liebe Ewigkeit.
Eins und Verschmelzen
Löst auf meine Grenzen.

Antworten auf meine Fragen
Erwachen, wenn ich es wage
Mich in die Liebe zu versenken.

Mystik der Liebenden,
Das ist mein Weg mit dir.
Ich vertraue mich dir an.
Ich gebe mich in deine Hand.

Christus - nur ein Wort?

Für meinen Sohn Christoph

Christus, nur ein Wort?
Nur ein Mensch an einem Ort?
Christus - Gottes Sohn,
Nuf des Allerhöchstens Thron?
Christus-Jesus am Kreuz gestorben?
Christus – im Abendmahl wiedergeboren?

2000 Jahre vergangen,
In Zahlen gefangen,
Geschichte erfahren,
Worte bewahren.

Christus – Gottes Wort,
Er braucht keinen Ort,
Keine Bücher, keine Quellen,
Keine Theologen, die Urteile fällen,
Keine geschichtlichen Beweise,
Nur ins „Ich" eine Reise.

Keine Zeit, kein Ort,
Wert nur im Wort,
Im Logos verbunden
In mir gefunden.

Christus Logos, von Gott gewoben,
Zum Ebenbild erhoben,
Aus Gottes Sein,
Ins „Ich" hinein
Fließt durch die Zeit.
Christus Logos in Ewigkeit
Aus dem Logos geboren
Zum Logos geworden,
Erwacht in mir
Eins mit Dir

Christus im Wort
An jedem Ort,
Verweilt er hier
In mir und in dir,
In unserem Sein verborgen
Auf Erwachen im Morgen.

Wahrheit erfahren,
Erfahrung bewahren,
Wahres erkennen,
Erkenntnis benennen.

Mich als Christus erfahren,
Sein Wort bewahren,
Christi Sein erkennen,
In mir benennen,
Aus dem Eins Sein auferstehen,
In mir neue Wege gehen.

Christi Logos aus Jesu Zeit

Wartet in uns in alle Ewigkeit.
Er will neu erblühen
In Liebe erglühen.
In uns Gottes Kindschaft erwecken,
Neues Leben entdecken.

Christus erfahren,
Liebe bewahren,
Leben erkennen,
Christ Sein benennen.

Das Johannesevangelium beginnt mit den Worten:
„Am Anfang war das Wort, und das Wort war bei Gott, und Gott war das Wort. Dasselbe war im Anfang bei Gott. ….
Und das Wort ward Fleisch und wohnte unter uns,...“

Christus als das von Gott Gegebene, das in mir, in uns allen lebt und wirkt. Christ Sein als Verwirklichung des Wortes Gottes, des in meinem Wesen lebendigen Logos. Diese Gedanken sind inspiriert durch die Begegnung mit Meister Eckehart, dem Mystiker des Christentums im Mittelalter.
Schon früh, als 16 jährige habe ich die ersten Predigten von ihm im Deutschunterricht gelesen.

Seine Überzeugung, dass der Seelengrund im Menschen göttlich sei, also dass Gott im Menschen immer unmittelbar anwesend sei, hat mich tief bewegt. Seine Erklärung der Gotteskindschaft des Menschen hat die damalige und in manchem auch die heutige Theologie herausgefordert. „…und es gebiert der Vater seinen Sohn in der Seele in derselben Weise, wie er ihn in der Ewigkeit gebiert und nicht anders. (…) Der Vater gebiert seinen Sohn ohne Unterlass, und ich sage mehr noch: Er gebiert mich als seinen Sohn und als denselben Sohn. Ich sage noch mehr: Er gebiert mich nicht allein als seinen Sohn; er gebiert mich als sich und sich als mich und mich als sein Sein und als seine Natur." (Predigt 6, Die deutschen Werke)

„Darum, was immer er (der Vater) ihm (Jesus Christus) gab, damit zielte er auf mich und gab mir's recht so wie ihm; ich nehme da nichts aus, weder Einigung noch Heiligkeit der Gottheit noch irgendetwas (…), denn Gott kann nicht nur weniges geben; entweder muss er alles oder gar nichts geben" (Predigt 5 A Die deutschen Werke)

Meister Eckehart ist mir auf meinem Lebensweg immer wieder begegnet.

Die Gedanken im Gedicht beziehen sich auf das Wort Gottes, den logos, Christus, der uns allen innewohnt seit Anfang unserer Existenz.

Gott in uns und wir in Ihm seit Anbeginn – darüber habe ich oft nachgedacht und es manches Mal im Gebet tief in mir erfahren.

Vielleicht lesen Sie das Gedicht jetzt mit diesem Hintergrund noch mal?

Gedichte

Ich habe dieses Bild 2011 in Bad Buchau beim Karnevalumzug aufgenommen. Ich stelle mir vor, dass in dem Korb alle Ideen und Worte versteckt sind. Vorsichtig öffnet sie diesen Korb und schon drängen die Worte heraus und bilden tanzend und lachend endlose Reihen, formen Lieder und Gedichte, lustig und nachdenklich, fröhlich und besinnlich. Sieht sie nicht aus, als würde sie sagen: „ Wisst ihr, worauf ihr euch einlasst?"
Ich wünsche viel Spaß!

Ein Junitag

Für Andrea

Der Himmel tanzt!
Bunte Blumen streuen
Ihren Duft
In die Regenluft.

Tautropfen glitzern,
Sterne blitzen,
Der Wald rauscht,
Vögel singen
Wie berauscht
Vom Parfüm der Linden.

Blaue dunkle Ackerwinden,
Margeriten strahlen,

Krähen prahlen.
Der Bussard kreist.
Ein Reh, wie verwaist
Auf der Wiese.

Bienen summen.
Blühender Klee,
Honigduft
In der Luft,

Schmetterlinge tanzen den Reigen.
Das Rotschwänzchen gurrt,
Die Mücke surrt,
Die Tannen schweigen.

Im Wind ganz sanft,
Die Birken sich wiegen.
Ich atme tief
Den Duft des Lebens
Den Wolken folgend
Im Gras
Auf der Wiese.
Ich fliege!

Abendspaziergang am Main

Ich gehe am Main entlang, kurz vor Wertheim, an
der Schleuse Wertheim-Eichel. Begleiten Sie mich!

Reiher schweben hinab aus dem Blau
Am Ufer des Mains
In der Schleuse Stau.
Sie sitzen und schauen
Hinab in den Main.
Die Fische springen
In den Schnabel hinein.

Flugzeuge, in ferne Lande,
Zu fernen Stranden
Glitzern wie Sterne
im Sonnenlicht.
Am blauen Himmel
Wie Silbervögel mit weißen Schwänzen
Ziehen sie weit hinweg über Grenzen.

Ein Wind, ganz mild.
Birken zeichnen ihr Bild
Wie ein Scherenschnitt
Am Abendhimmel.
Die Nacht kommt mit.

Braune Erde, ganz locker,
Wie Schollen im Acker.
Es strömt ihr Geruch durch die Luft,
So kräftig ihr Duft.

Junge Männer rennen
Auf dem Weg an der
Schleuse
Die Treppen hinan,
Im Eilschritt dann.
Es klappern die Stufen
unter den Schuhen,
wie Kufen.

Ein Schiff in der Schleuse, ein Frachter!
Der Kapitän steht achtern.
Es brummt und rattert,
Der Motor knattert,
Die Schraube sich dreht.
Es fährt seinen Weg.
Lampen das Dunkel erhellen,
Es klatschen die Wellen.

Frei wie der Fluss,
Frei wie das Schiff,
Frei wie der Reiher im Riff,
Frei vom Muss,
In Freiheit ein Kuss!
Wir fühlen das Leben,
Gott hat es gegeben.

Ich mag Schnee. Er vermittelt Ruhe und Gelassenheit. Er deckt alles liebevoll mit seinem Mantel zu und gewährt Zeit zum Ausruhen. Auch die Natur ruht sich aus unter der Schneedecke. Mir gibt er innere Ruhe zum Verweilen und zur Besinnlichkeit.

Ich empfinde die Liebe Gottes wenn ich die Schneeflocken heute beobachte, wie sie sanft fallen, manchmal etwas verspielt, manchmal ganz ruhig und gleichmäßig. Sie decken alles zu, die schönen Häuser und die hässlichen, die Unordnung in unserem Hinterhof und die wohlgepflegten Gärten in der Nachbarschaft.

Alles sieht gleich aus, eine weiße Schneedecke hüllt alles sanft ein. So umarmt Gottes Liebe uns alle, egal, wie wir aussehen, was wir tun, wie wir leben, ob wir Ihn erkennen oder nicht. Seine Liebe ist grenzenlos. Diese Decke der Liebe gibt uns Zeit uns zu stärken, uns auszuruhen, neue Kräfte zu schöpfen und uns zu verwandeln.

Erst ist es eine unsichtbare Verwandlung, dann, wenn die Frühlingssonnenstrahlen den Boden durchdringen, wird sie sichtbar. Ist es nicht mit uns genauso in unserem Leben?

Es gibt immer wieder Zyklen des Winters, des Frühlings, des Sommers und des Herbstes. Zeiten des Ruhens, des Wachsens, des Früchte Tragens und des Erntens.

Ich genieße heute diese Zeit des Ruhens unter der Schneedecke von Gottes Liebe.

Der erste Schnee

Für Hanna

Der Sonne Licht
Spiegelt sich
In weißen Kristallen
Die vom Himmel fallen.

Sie tanzen im Reigen.
Bäume sich neigen
Unter der weißen Last,
des Winters Pracht.

Leise
Weise
Sacht
Bedacht
Über Nacht

Dächer bedeckt,
Straßen versteckt,
Der Bach verharrt,
In Kälte erstarrt.

Strahlendes Weiß,
Blumen aus Eis.
Der Frost, erwacht,
Der Wind, er lacht.
Über Nacht
Sacht
Bedacht
Leise
Weise
Wiesen und Wälder,
Äcker und Felder,
Stille Zeit,
Einsamkeit.

Über Nacht
Sacht
Bedacht
Leise
Weise

Spuren im Schnee
Erstarren,
Verharren.
Wir lesen
Was gewesen.

Der Alten Weh und Ach,
Den Jungen die Freude lacht.
Die Schlitten rufen.
Wir wachsen die Kufen.

Es kommt die Zeit.
Es ist soweit.
Über Nacht
Sacht
Bedacht
Leise
Weise

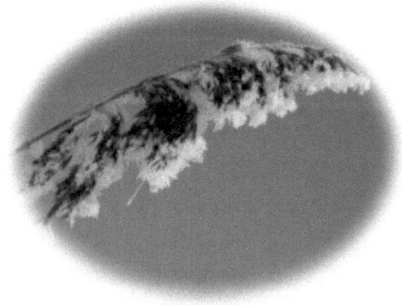

Der Sturm

Unbändige Kräfte treiben
Dunkle Wolken durch den Himmel,
Dunkle Gedanken durch meine Seele.

Regenstürme peitschen
Den Weg des Waldes.
Tränenströme fließen
Die Wege der Verzweiflung.

Stöhnend biegen sich
Baum und Ast.
Stöhnend beugt sich
Der Mensch unter der Last.

Orchester der Winde
Begleitet den Sturm.
Orchester der Seufzer
Entweicht meiner Kehle.

Ruhe und Stille,
Unheimlich bedrückend
Folgen dem Sturm,
den dunklen Gedanken.

Wieder und wieder
Brüllt er aufs Neue,
Wieder und wieder
Schreit meine Seele.

Kein Ende scheint nah.
Naturkräfte toben.
Es ruft mein Geist:
Ist Hoffnung dort droben?

Nach langer Nacht
Der Morgen erwacht,
Neue Wege bedacht,
Frieden gemacht.

Alle Straßen sind sauber,
Die Häuser geputzt.
Meine Seele gereinigt,
Dunkle Gedanken gesteinigt.

Die Sonne scheint hell,
Es erwacht neues Leben.
Mein Herz schlägt schnell,
Es lebt meine Seele.

Die sieben Birken

Schlank und rank
Im weißen Gewand
Mit graubraunen Flecken,
So stehen sie da,
Sieben an der Zahl,
Ihre Arme ausgestreckt,
Ihre Hälse hoch hinauf gereckt.

Der Frühling schenkt ihnen nun
Hellgrüne, leuchtender Kleider
Aus Blättern wie Seide.
Ihre Arme verschränken sie
In frohem Reigen
Zu der Grille Geigen,
Zum Konzert der Vögel,
Im leichten Wind,
Tanzen sie beschwingt.

Die Sommersonne
Färbt sie dunkler.
Der weiße Stamm funkelt
Unter den grünen Blättern
Wie Herzen,
Hoch hinaus ragend
Wie Kerzen.

Der Maler Herbst
Färbt ihr Kleid,
Man glaubt es kaum,
Golden und braun.

Doch durch Sturmes Hand
Stehen sie bald
Im weißen Gewand
Mit graubraunen Flecken.

Ganz in weiß sie erstrahlen
Durch Winters Wirken,
Die sieben Birken.

Frühling 2007

Für meinen lieben Mann

Der Frühling erwacht,
Neues Leben entfacht!
Krokusse blühn.
Herrliche Farben
Meine müden Augen laben.

Gelb, lila, rosa und blau,
Zum Himmel ich schau.
Meisen, Drosseln und Elstern fliegen,
Die Enten sich in den Wellen der Saale wiegen.
Der Frühling beginnt!
Über den Winter gewinnt!

Rhythmen der Jahreszeiten
Mein Leben begleiten.
Schmerz und Einsamkeit
Waren des Herbstes und Winters Leid.

Stürme toben,
Mein Herz erproben.
Doch Neues erwacht
Nach eines langen Winters Nacht.
Frühling im Leben
Kann es immer wieder geben.
Hoffnung und Zuversicht
Gibt mir das Sonnenlicht.

Lange Nächte der Angst sind vorbei.
Ich atme frei!
Freude liegt in der Luft,
Des Frühlings Duft.

Meine Seele erwacht!
Neues Leben entfacht.
Hoffnung erblüht.
Herrliche Farben
Meine Gedanken laben.

Zum Himmel ich schaue,
Der Zukunft vertraue.
Neue Visionen fliegen,
In Weisheit sich wiegen.

Ein neues Lebensjahr beginnt,
Die Zuversicht in mir gewinnt.
Erwachen in mir
Oh Frühling, ich danke dir!

Der erste Mai

Ein Tag wie aus dem Märchenbuch!
Die Wiesen wie ein bunt bestrengeltes Tuch!

Wolken wie auseinandergezupfte Wattekugeln!
Sie ziehen dahin,
Wer weiß wohin?

Die Birken wiegen leise sich im Wind,
Vor Freude jubelt laut ein Kind.

So blau wie deine
Augen ist das
Firmament.
Die Blütenpracht kein
Ende kennt.

In seidigem Grün
glänzen die Blätter der
Buchen.
Die Bienen schon ihre
Königin suchen.

Zwei Bussarde in ruhigen Kerisen
Lassen sich im Aufwind treiben.

Hoch über das Wolkendach tragen sie ihre
Schwingen.
Im Kirschbaum höre ich eine Amsel singen.

Kälbchen stupsen mit ihren weichen Nasen.
Sie lassen ihre Mütter nicht in Ruhe grasen.

Nach einer langen Nacht
Ist der Frühling erwacht.

Löwenzahn streckt sich der Sonne entgegen.
Lichtnelken und Butterblumen erwachen
zu neuem Leben.

Der Bach gluckst, tobt, springt und schäumt.
Ob er vom Meer im Norden träumt?

Strömender Blütenduft,
Aufregende Maienluft!

Voller Träume und Sehnen,
Ich möche meinen Kopf an deinen lehnen,
Deine Hände möchte ich fassen und gehen.
Ich spüre der Neugeburt heftige Wehen.

Mich erneuern möchte ich, wie die Natur,
Dieser Frühling, eine innere Kur.

Mich öffnen, der Sonne, dem Wind
Ohne Vorbehalt,
wie ein Kind.

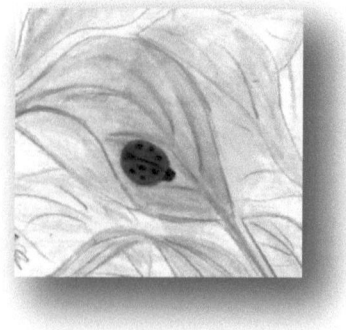

Meine Gedanken erheben in ruhigen Kreisen,
Wie die Bussarde mir den Weg über die Wolken
weisen.

Mich entfalten wie die jungen Blätter der Bäume.
Zu Visionen werden meine Träume.

Unbeschwert wie die Vögel sind
Mich erkennen als Gottes Kind.

Sonnenuntergang

Mit einem roten Hmmelsband
Senkt sich der Abend übers Land.
Meister der Kunst des Malens
Sind die letzten Sonnenstrahlen.

Dies Meisterwerk der Farbenpracht
In meinem Herzen ein Loblied entfacht.
Hellblau vereint mit Rosa und Gold
Unserem Schöpfer Ehre zollt.

Äste und Zweige einem Scherenschnitt gleich,
Wie ist an Künsten Mutter Erde so reich!
Ihre Kronen neigen die Bäume.
Die Vögel sind schon im Land der Träume.

Nebelschwaden steigen langsam empor.
Der Abend tritt aus dem Wald hervor.
Die Büsche kuscheln sich an den Hang
Als wäre es ihnen vor dem Dunklen bang.

Ein letzter Triller, ein Lerchenlied,
Eine Meise sich im Schlummer wiegt.
Lange hält in der Ferne die Sonne noch Wacht.
Dann steigt herauf die Schwärze der Nacht.

Herbstabend

Die Nebel steigen
In stummen Reigen
Aus dem Wiesengrund
Zur späten Stund.
Aus dem dunklen Wald,
Einsam und kalt,
Ein Ruf erschallt.

Über dem Flussufer liegen
Gespenstische Schwaden.
Wie Geister sie fliegen,
Gewobene Sagen.

Ich halte deine Hand.
Alle Angst ist verbannt.
Unsere Liebe erhellt
Diese dunkle Welt.

Der Liebe Glut
Noch in uns ruht.
Sie wärmt das Atmen der Nacht.
Neues Leben erwacht.
Umgeben, durchdrungen von ihr
Der neue Tag beginnt
In mir.

Annick gewidmet

Meine Freundin Annick ist uns nach langem Leiden vorausgegangen in eine Welt, die für sie voller Hoffnung und Freude war. Unsere Gedanken und Gebete begleiten sie und alle unsere Freundinnen, Freunde, und Familienmitglieder, die ihr in den letzten Jahren gefolgt sind.

Ich denke an Dich!
Du bist da.
Ich rufe Dich,
Du bis nah.

Der Sonne Licht
Spiegelt sich.
Es lacht.
Leben erwacht
In Deinen Augen
Voller Glauben.

Ich denke an Dich!
Du bist da.
Ich rufe Dich,
Du bis nah.

Seit Du gegangen bist
Lähmung in mir ist.
Dein Schicksal
Voller Qual
Weckte Erinnerung.

Ich war jung.
Abschied und Einsamkeit
In vergangener Zeit.

Doch Du bist da!
So nah.
Kein Abschied,
Kein Klagelied.

Nur einen Schritt voraus
Bist du geeilt.
Hast nicht verweilt.

Ich denke an Dich!
Du bist da.
Ich rufe Dich,
Du bist nah.

Meine Augen suchen Dich.
Du rufst mich.
Ich antworte Dir.
Ich weiß, Du bist hier.

Erleichtert, befreit,
Endlich ist es soweit.
Ich brauche noch Zeit,
Mein Weg ist weit.

Mit Dir gehen,
Dich verstehen.

Jeder Schritt,
Jeder Tritt.
Ich bleibe stehen
Und sehe Dich gehen.

Ich denke an Dich!
Du bist da.
Ich rufe Dich,
Du bist nah.

Mit deiner größten Liebe eins,
In Seinen Armen empfangen,
Kein Bangen!
Im Herzen des Seins
Kein Schmerz
An Seinem Herz.

Ich schaue Dir nach.
Im Herzens des Seins
Sind wir vereint.
In der Liebe,
Dem Geben,
Im Eins Sein
Weiterleben.

Die Himmlischen Eltern
Halten uns beide.

Am Anfang und Ende
Sind Ihre Hände.

In Liebe vereint,
Vor Freude geweint.
Wir halten die Hände
Es gibt kein Ende.
Ich denke an Dich!
Du bist da.
Ich rufe Dich,
Du bist nah.

Ich denke an dich

Für meine Mutter, die ich erst vor wenigen Jahren wieder fand

Du bist mir ganz nah,
Obwohl `s lange her ist seit ich dich sah.

Ich weiß genau
Wie es ist, wenn ich in deine Augen schau.

Ich spüre deine Hand,
So, wie ich sie zum ersten Mal in der meinen fand.

Unser Wiedersehen so freudevoll,
Vor Glück mein Herz da überquoll.

Zerbrochen an der Trennung war dein Herz,
Viele Jahre dauerte der Schmerz.

Immer hast du an mich gedacht,
Dich zu finden hast du mir möglich gemacht.

Immer war ich nahe bei dir,
Einen Platz in deinem Leben gabst du mir.
Ich verdanke dir mein Leben,
Wärme und Liebe hast du mir gegeben.

Drum kenn ich alles ja von dir,
Keine Fremde warst du mir.

Deine Stimme, deine Hand,
Dein Geruch war mir bekannt.

So wie immer fühlte es sich an,
Es war als ob ich nach Hause kam.

Endlich habe ich meine Wurzeln gefunden,
Nun gibt es nur noch gemeinsame Stunden.

Alles weißt du über mich,
Es ist als wärest du ganz ich.

In deinem Herzen lebe ich gern.
In der Dunkelheit bist du mein Stern.

Doch deine Gedanken finden keine Ruh,
Mutter sein ist so sein wie du.

In deine Armen fühl ich mich geborgen,
Ach Mutter, mach dir keine Sorgen.

Wir alle lieben dich so sehr,
Nun gibt es keine Trennung mehr.

Mutter du gabst mir schon so viel,
In Ewigkeit dankbar bin ich dir.

Für Oma Helene zum 80.Geburtstag

Vergangen sind schon achtzig Jahre.
Der Herbst des Lebens kam heran.
Silberweiß leuchten die Haare,
Der Körper nicht mehr alles kann.
Langsam plagen dich Beschwerden.
Das ist nun mal Gang auf Erden.
Denn wer zählt all deine Schritte,
Die du bis hierher hast gemacht
Und die viele harte Arbeit
Die du mit deinen Händen hast vollbracht?

Für die Jungen bist du älter.
Doch das ist nur äuß'rer Schein:
Denn tief in deiner Seelenwelt
Ist alles da – das Kind ganz klein,
Als du noch den Zopf getragen
Und mitfuhrst in dem Pferdewagen.
Die Jugend ist dir noch im Sinn,
Elend eines Kriegs und Schrecken,
Bilder am Auge vorüber ziehn'
Die aufs neue Freude und Trauer wecken.

Dein Leben mit Vater ist in dir,
Eurer großen Liebe Traum
Vater geht den Weg voraus.
Nur die Erinnerung bleibt wahr.

Dein Bestes gabst du Mensch und Tier.
Der Kinder Lachen ist noch hier,
Dann ziehen alle aus dem Haus.
Doch die Enkel bleiben nah.

Manches magst du wohl bedauern,
Fühlst im Herzen den Ballast.
Doch ich kann dir anvertrauen,
Einmal wirst du los die Last.
Denn die Liebe ist unendlich -
Auch in dir noch jung und schön.
Unser Schöpfer ist auf ewig
Mit dir glücklich, du wirst sehn!

(Christine Sato und Ingrid Lindemann)

Lange habe ich versucht mein Heimatland zu finden. Geboren bin ich im Rheinland, aufgewachsen in Ostwestfalen und Hessen, als junger Mensch bin ich nach Amerika und Südamerika gegangen, habe dort gearbeitet und meine Familie gegründet, zurück nach Deutschland, nach Baden Württemberg und nun wieder in Ostwestfalen. Was ist meine Heimat, mein Land?

Mein Land

Mein Land ist Immerland,
Der Hoffnung Land,
Nur mir bekannt.

Es ist der Liebe Land.
Hierarchie ist unbekannt.
Verständnis keine Grenzen fand
Im Immerland.

Wo ist mein Land?
Ist es dir bekannt?
Kein Columbus es fand.

Nicht von dieser Welt ist mein Land.
Nicht von den Mächtigen erkannt,
Nicht von den Päpsten geweiht,
Nicht gegründet auf Leid.

Mein Land ist in mir.
Es gehört mir und dir.
Nur ich kann es sehen,
Seine Wiesen begehen.

Mein Land ist überall.
Es hat keine Grenzen, keinen Wall.
Es ist im Wald und auf der Heide,
Es ist am Fluss und auf der Weide.

Mein Land ist weit.
Es kennt keinen Streit,
Keine Religionen,
Keine Nationen.

Mein Land ist meine Welt.
Eine Welt ohne Geld,
Ohne Lohn, ohne Sold,
Ohne Orden aus Gold.

Mein Land reicht zur Sonne,
Ist voller Freud und Wonne.
Es umfängt das All,
Der Weite Schall.

Mein Land ist mein Denken.
Keiner kann es beschränken.
Es ist meine Sehnsucht,
Das, was mein Herz sucht.

Mein Land ist Erkennen,
Entdecken, Benennen.
Es ist inneres Schauen,
Dem Schöpfer vertrauen.

Mein Land ist, was ich schaue,
Worauf in Glauben ich baue,
Wo ich mutig gehe,
Auf eigenem Boden stehe.

Nicht von dieser Welt ist mein Land.
Nur Gott ist es bekannt.
Nur Er ist der Eckstein,
Nur Er darf es sein.

Komm in mein Land!
Nur uns ist es bekannt.
Folge dem neuen Weg,
Ohne Spuren, ohne Steg.

Liebe und Reinheit,
Freude aus Freiheit,
Mystisches Versenken
Wird mein Land dir schenken.

Wage dich hinweg vom Strand
Hinfort zum neuen Land.

Gehe ohne Sorgen
Hin ins Morgen.
Zum Immerland,
Der Hoffnung Land,
Auch dir bekannt!

Übergang

Blütenschnee,
Duft des Frühlings,
Warmes Grün
Erquickt meine Seele.

Nebel steigen,
Unheimlicher
Reigen
In den Höhen des
Waldes.
Sehnsucht!

Frische Erde
Kastanienbraun.
Schrei der Elster,
Schwarze Schatten
Ziehen vorbei.

Grasende Schafe,
Erwartende Ruhe..
Segnender Regen
Erweckt das Leben

Tränen in meinen Augen.
Der ewigen Sonne Licht,
Ein Regenbogen
verschmilzt
Das Gestern mit Morgen
Im Jetzt.

Für große und kleine Kinder

Warum sind die Tiere bunt?

Wie bin ich auf diese Frage gekommen? Meine Enkelin, gerade mal anderthalb Jahre jung wollte immer ein und dasselbe Buch anschauen. Das war ein kleines Schulbuch der Biologie mit ein paar Tierbildern und recht viel Text. Über einem Abschnitt stand „ Warum sind Tiere bunt?" Ich hatte nie darüber nachgedacht. Ja, warum eigentlich?

Warum sind die Tiere bunt?
Was macht denn den Luftballon so rund?
Wieso ist Honig süß und klebt?
Warum die Spinne das Netz im Keller webt?

Wann können wir den Regenbogen sehen?
Können wir zu seinen Ende und Anfang gehen?
Was wäre wenn der Mond vom Himmel fiele?
Welche Kraft macht im Meer die Priele?

Warum ist es im Wald so dunkel?
Was bedeutet denn "Gemunkel"?
Warum bringt Sankt Nikolaus die Rute?
Welche Fee war bei Dornröschen die Gute?

Was ist der Unterschied zwischen Ochsen
und Rindern?
Noch viel mehr Fragen haben die Kinder.

Ihre Welt ist an Entdeckungen reich,
Es entgeht ihnen kein noch so kleiner
Fisch im Teich.

Wie schön wäre es wie ein Kind zu fragen,
Etwas nicht zu wissen wagen,
Frei zu sein vom inneren Zwang,
Nachzugeben dem Wissensdrang.

Haben wir verlernt frei zu sein?
Leben wir nur noch im
gesellschaftlichen Schein?
Haben wir Mut mal dumm da zu stehen?
Können wir so Kindern in die Augen sehen?

Nicht alles müssen wir immer wissen.
Wir dürfen die Unwissenheit
auch mal genießen.
Fragen und Forschen, ich bin dabei!
Wie die Kinder liebe ich die Fragerei.

Warum also ist der Specht so bunt?
Wieso ist der Vollmond rund?
Was macht das Wasser in dem Fluss
Wenn es doch in den Ozean muss?

Warum habe ich Angst im Dunkeln?
Warum liebe ich das Schunkeln?
Warum ist Tanzen eine tolle Sache
Die ich mit dir so gerne mache?

Die Welt ist voller wunderbarer Sachen
Die Spaß am Forschen und Entdecken machen.
Oft sind sie klein und kaum erkenntlich.
Manchmal zu groß für unsere kleine Sicht.

Doch Wunder sind es allemal,
Trillionenfach ist ihre Zahl.
So lasst uns wie die Kinder sehen,
In Ehrfurcht vor den Wundern stehen!

Ich habe meine Kinder und meinen Mann nach Momenten des Glücks gefragt und unendliche Schätze entdeckt. Jeder einzelne der Sätze dieses Liedes beschreibt Glück, so wie wir es zusammen erlebt haben. Ich hätte noch endlos weiterschreiben können. Wollen Sie es nicht auch mal versuchen? Glück ist so nahe und greifbar, in jedem Augenblick unseres Lebens.

Was ist Glück?

Für meine Kinder

Das tiefe Blau der Anemone,
Der Duft der gerade sich öffnenden Rose?

Das Streicheln des Regens auf meiner Haut,
Im Chor der Vögel ein neuer Laut?

Die Nebel im Berg am frühen Morgen,
Ein Kaffee zum Frühstück, ganz ohne Sorgen?

Ein neues Parfüm aus Paris voller Pracht,
Ein Nymphen Sittich, wie er schreit und lacht?

Heißes Wasser zum Duschen,
Ein Bett zum Kuscheln?

Ein Buch voller Inspiration,
Ein Scheck am Ende des Monats zum Lohn?

Bunte Wolle zum Stricken,
Eine schöne Karte zum Verschicken?

Der Geruch nach Pferden,
Dass die Kinder vernünftig werden?
Lachen und Tanzen mit meinem Mann
Obwohl ich gar nicht tanzen kann?

Musik zum Abend
In der Wandelhalle, erquickend und labend?

Das Rauschen der Bäume im Wald,
Das Leuchten des Mondes, klar und kalt?

Die Strahlen der Sonne,
Der Monat der Wonne?

Ein Brot frisch gebacken,
Akzeptiert werden, trotz Macken?

Cornflakes und frische Milch ganz kalt,
Ein Reh, ganz nah, auf der Wiese vorm Wald?

Eine Erdbeere spät im September,
Der erste Schnee am 24. Dezember?

Echte Freundschaft ohne Worte,
Eine tolle Geburtstagstorte?

Freudentränen,
Ich brauche mich derer nicht zu schämen?

Ein Bild, das gelungen,
Ein Lied, froh gesungen?

Ein Marius Siebenpunkt auf der Hand,
Ein Spinnennetz an der Kellerwand?

Ein Brief aus der Ferne,
Ein Blick auf die Sterne?

Tautropfen auf dem runden Kressen Blatt,
Das erste Mal wieder unterwegs auf dem Rad?

Ein Kaninchen auf meinem Schoß,
Im See baden, nackt und bloß?

Schmetterlinge im Liebestanz,
Gänseblümchen geflochten zum Kranz?

Enten in Paarungslaune,
Eine weiße und eine braune?

Flache Steine springen über den Teich,
Deine Lippen, so sanft und weich?

Krokusse, lila und blau,
Wenn ich vom Berg ins Tal hinab schau?

Unsere Spuren im Sand,
Meine in deiner Hand?

Und nun schreib weiter dieses Gedicht!
Zu Ende ist es noch lange nicht.

Nur eine Kleinigkeit vermissen,
Heißt eine Quelle des Glücks nicht genießen.

Dank bringt das Glück zur Welt,
Hinzu sich die Freude gesellt.

Himmlischer Vater, ich danke dir,
In Glück und Freude erfahre ich
deine Liebe zu mir.

Rolle, rolle, rolle den Ball!

Ein Kinderlied! Die Melodie kann jeder selbst dazu erfinden.

Rolle, rolle, rolle den Ball
Immer vor dir her
Rechts und links und hin und her
Das ist gar nicht schwer

Rolle, rolle, rolle den Ball
Durch die Beine durch
Rechts und links
Und hin und her
Das ist gar nicht schwer

Rolle, rolle, rolle den Ball
Zu der Mama hin
Her und hin
Und hin und her
Das ist gar nicht schwer

Rolle, rolle, rolle den Ball
Um dich ganz herum
Rechts und links
Und hin und her
Das ist gar nicht schwer

Die Sternenfee

Es tanzt die lustige Sternenfee
In meinem Zimmerchen herum

Sie rüttelt sich und schüttelt sich
Wirft ihre Sterne über mich

Sie singt ein Lied, ist quietschvergnügt
Sie lacht wenn sie mich tanzen sieht

Es tanzt die lustige Sternenfee
In meinem Zimmerchen herum

Sie schaut mich an, nimmt meine Hand
Dann tanzen wir durchs ganze Land

Sie dreht mich hin und dreht mich her
Mit ihr ist tanzen gar nicht schwer

Es tanzt die lustige Sternenfee
In meinem Zimmerchen herum

Sie kommt vom himmelblauen See
Die Füße tun ihr gar nicht weh

Sie tanzt und tanzt und singt und lacht
Das Leben ihr viel Freude macht

Es tanzt die lustige Sternenfee
In meinem Zimmerchen herum

Nun ist es Zeit zum Schlafen gehen
Die Fee bleibt an meinem Bettchen stehen

Sie summt ein Liedchen die ganze Nacht
Und hält an meinem Bettchen Wacht

Es summt die lustige Sternenfee
Summ summ summ summ summ summ

Nun schlafe ich tief und träume dann
Was die Sternenfee so alles kann

Es tanzt und summt die Sternenfee
Und fliegt zurück zum Himmelsee

Es summt die lustige Sternenfee
Summ summ summ summ summ summ

Meine Enkelin hatte Angst vor dem „BiBaButzemann". So musste ich das alte Kinderlied umdichten und es wurde „die lustige Sternenfee" daraus

Aus der Jugendzeit

Ein Rätsel von 1965

Was ist das?
Es hat ein stattliches Gewicht.
Es bewegt sich oft und geht doch nicht.
Es war mal schwarz, jetzt ist es bunt,
Mal ist's ein Haus und mal ein Hund.

Viele Namen hat es, ungezählt;
Der Schlaue nun den richtigen wählt.
Es flimmert, flattert, redet, winkt.
Der Oma heute der Minister winkt.

Mal ist's ein Schirm, mal eine Röhre;
Ein anderer gar auf „Kasten" schwöre.
Auch Loch nennt man es mal zurzeit,
Die Wortbestimmung fasst es weit.

Auch zaubern kann es ohne Frage.
Anziehungskraft ist eine Plage.
Man kann es für alles Mögliche brauchen;
Man kann nach ihm sogar Waschmittel kaufen.
Fernlehrkurse in Englisch und Franz.
Vervollständigen deine Bildung ganz.

Dieses unbenannte Ding
Bildet um sich einen lebenden Ring.
Es hat etwas mit Magie zu tun
Und lässt viele Menschen bis morgens
nicht ruh 'n.

Wer's jetzt nicht weiß, der hat es nicht
Und wer's nicht hat, der kauf' es nicht!
Es gibt viel Streit und auch Verdruss
Wenn man nicht schlafen will und muss.

Die Zahlen eins und zwei sind wichtig,
Denn man muss eine wählen, richtig!
Wer's hat kommt nimmer davon los
Und ärgert sich am nächsten Morgen bloß.

Ob dieser ganz verflixten Sache
Ich manche Nacht dann doch durchwache.
Die ersten Wochen freut man sich
Und ist auf jedes Stück erpicht.

Den zweiten Monat man's verflucht
Weil man vergeblich zu arbeiten versucht.
Das erste Jahr ist dann vorbei
Und auch die wahllose Seherei.
Wer's jetzt dann weiß, der sei nicht dumm
Und drücke sich ums Kaufen rum.

Ich bin sicher, dass die Leser/innen, die mein Alter haben, des Rätsels Lösung leicht erkennen. Für die, die jünger sind: Flimmerkiste, Röhre, Schirm waren Ausdrücke für den Fernsehapparat, der damals noch recht dick und schwer war.

Es gab zuerst Fernsehen in schwarz weiß, erst dann wurde es bunt. Auch hatte man nur die Auswahl zwischen dem ersten und zweiten Programm. Oft saß die ganze Nachbarschaft um einen Fernseher versammelt. Es gab halt nur wenige, die sich so einen Luxus leisten konnten.

Ich selbst stand dem Ganzen eher kritisch gegenüber. Meine Kindheit war noch geprägt vom Lesen und allenfalls gemeinsamen Lauschen schöner Musik im Radio. Besondere Dokumentationen oder Vorträge, die die Sonntagsprogramme im Radio füllten, waren dann Gesprächsthema in der Familie.

So war auch der Fernseher erst bei uns eingezogen, als mein Vater starb und meine Mutter und Oma Ablenkung brauchten, um über den Verlust hinweg zu kommen. Ich selbst habe das Fernsehen, besonders das wahllose Anschalten, nie sonderlich geliebt.

Ein Held!?

Eine Buchkritik und nicht nur das!

Sozialkritisches einer 16 Jährigen

Wer reitet so einsam über die Prärie?
Wen trifft kein Schuss?
Wer irrt sich nie?

Wer wird von wem als Greenhorn tituliert?
Wer ist's der dennoch keinen Kampf verliert?
Wer ist der Blutsbruder von Winnetou?
Wer bekehrt ihn zum christlichen Manitu?
Wer ist denn dieser viel besungene Mann?
Es doch nur Karl Mays' Old Shatterhand sein kann!

Wo Gefahr ist, ist Old Shatterhand prompt.
Er stiftet Frieden wohin er kommt.
Er versöhnt Todfeinde in einem fort.
Er ist bekannt in jedem Ort.
Geliebt von den Guten,
gefürchtet von den Bösen
Entfaltet er ungehindert
sein christliches Wesen.

Selbst den Mörder liebt er ohne Maßen.
Er kann seinen eigenen Todfeind nicht hassen.

So lebt und wirkt er in Generationen
Und wird geachtet von Honoratioren.

Die Jungen lieben sein gefährliches Leben,
Die Mädchen bleiben an seiner stattlichen
Erscheinung kleben.

Die Pastoren rühmen den christlichen Sinn,
Den Kinos gibt die Spannung
der Handlung Gewinn.
Ein jeder schlägt aus Old Shatterhand Kapital.
Old Shatterhand wird ein
sehr wertvoller Mann.

Ohne ihn könnte der Karl May
Verlag nicht leben.
Also doch gutes und christliches Streben?

Old Shatterhand tötete zwar manchen Leib,
Jedoch hindert das nicht an
der ewigen Seligkeit.
Er tat so viel Gutes bis zu seinem Ende,
Er kann in Unschuld waschen
seine blutbefleckten Hände.

Jeder verschlingt über ihn unzählige Seiten
Wer will ihn verklagen? Das Idol aller Zeiten?!

*Wie viele habe ich in meiner Jungend Karl May
Bücher verschlungen und die Filme mit Piere Brice
als Winnetou geliebt. Doch, ich habe sie auch*

kritisch gesehen. Dieses Gedicht habe ich vor kurzem in einem meiner alten Schulbücher gefunden. (Literarische Betätigung im Unterricht, aber nicht unbedingt dem jeweiligen Stoff entsprechend). Heute lesen nur wenige diese Bücher, aber der Inhalt bleibt aktuell. Helden wie Old Shatterhand gibt es noch immer, in Filmen, in Comics und Computerspielen und leider auch in der Realität, in Politik, Gesellschaft, Sport und Kultur. Eine neue Heldenkultur wäre schon lange angesagt!

Passion eines alten Hauses
Ballade
Frühjahr 1968
Erlebnis einer 16 Jährigen

Dieses Gedicht beschreibt die Renovierung des Hauses, in dem ich groß geworden bin. Ich habe es geliebt und liebe es immer noch.
Ein stattliches Haus erbaut in der besten Zeit Bad Oeynhausens.
Dieses Gedicht ist nur ein Teil seiner langen Geschichte.
Sollten Namen im Gedicht mit Persönlichkeiten in Bad Oeynhausen und Umgebung überein- stimmen, so ist das nur zufällig.

Seit Frau Jansen fortgezogen ist
Sieht es bei uns aus wie im Saustall
oder auf dem Mist.

Vor lauter Dreck sieht man die Treppe nicht,
Vor lauter Zugwind bekommt
die Oma noch Gicht.

Zuerst fing es ganz harmlos an.
Der neue Mieter stellte sich vor:
„Herr Zahlemann".
Er ist Steuerberater und hier im Haus
Macht er ein gut florierendes kleines Büro auf.

Damit wir dann nachts auch nicht allein
Macht der Hausbesitzer den Dachboden fein.
Es wird alles wunderbar
Bei so einer Miete! Ist doch klar!

Doch wer hat durchs Bauen den ganzen Dreck?
Wer kehrt den Mist von der Treppe weg?
Wem rieselt der Staub durch alle Ritzen?
Wer würde vom Putz begraben,
bliebe er an einer Stelle sitzen?

Morgens um 6 Uhr geht es los.
Am Einbrechen hindert die Handwerker
die Türkette bloß.
Die ersten Tage rissen sie die Toiletten raus.
Wenn man musste, ging man ins Nachbarhaus.

Man klopfte und hämmerte, brach und haute.
Durch Kratzen und Schaben man uns
den Boden versaute.

Vor lauter Dreck sieht man den Boden nicht,
Vor lauter Lärm versteht man die
eigenen Worte nicht.

Und es klopft und hämmert und
sägt und bollert,
Es quietscht und donnert und rumst und kollert,
Es rieselt und tropft, zerschellt und platzt,
Es stampft und scheppert, knallt und schmatzt.
Es kratzt und bohrt, es kreischt und brummt,
Es rollt und schleift und schlurft und summt.

Dieses war der erste Streich
Doch der zweite, viel schlimmere folgt zugleich.

Die Mieter oben dürfen natürlich nicht frieren.
Es müsste uns schon mal pläsieren
Durch unsere Küche ein dickeres
Gasrohr zu führen.
Der Installateur Fräger stürzt eilfertig an
Und schickt uns einen jungen Mann.
Der gibt uns mittags zum Wärmen sein Essen
Und hat vor Arbeit das Bitte und
Danke vergessen.

Am letzten Tag bekam er doch
noch gute Laune.
Was so eine Lohntüte macht, ich staune!
Er bekam direkt humoristischen Sinn;
Er redete und lachte und legte uns
ein paar Witze hin.

Sein Steckenpferd war das Affenfett.
Er machte damit sonstige geistige Mängel wett.

Doch dieser gut gelaunte Scheich
Verschwand die nächste Woche gleich.
Seit sie unsere Wohnung genug
verdorben haben,
Dürfen wir uns nur noch am Krach
der Arbeiter laben.

*Und es klopft und hämmert und
sägt und bollert,
Es quietscht und donnert und rumst und kollert,
Es rieselt und tropft, zerschellt und platzt,
Es stampft und scheppert, knallt und schmatzt.
Es kratzt und bohrt, es kreischt und brummt,
Es rollt und schleift und schlurft und summt.*

Sie bauen und bauen und machen so langweilig
Als hätten sie es überhaupt nicht eilig.
Dieses war der zweite Streich,
Doch der dritte folgt zugleich.

Als dritte Quälerei
Deckten sie das Dach des Hauses neu.
Wenn man das Haus verlassen wollte,
Man ein Warnsignal benutzen sollte.
Sonst half beim Schädelbasisbruch
Kein noch so schlauer Sauerbruch.
Denn selbst eine halbe Dachpfanne ist schwer.
Aus höchster Höhe wiegt sie sogar mehr.

Deshalb nahm man dreckige Schuhe in Kauf
Und rannte durch den Garten
in schnellem Lauf.

Denn man konnte niemals sicher sein
Ob nicht ein,
sich in der Richtung geirrter Stein
Als gute Gabe von dort droben
Kam geflogen von da oben.

Doch das ist noch nicht das Allerschlimmste!
Kommt man die Treppe herab
Muss man aufpassen:
Dass man nicht einer Bierflasche
den Garaus macht,
Mit einem Maurer zusammenkracht,
Mit einer Truhe in Streit entbrennt,
Gegen eine große Leiter rennt,
Einen Farbtopf am Fuß spazieren trägt,
Einen Besen eine Sekunde zu spät erspäht.
Und all diesen Fallen glücklich entgangen,
Sich in einer Drahtrolle zu verfangen.
Glücklich auch das überstanden zu haben,
Sich mit einem Schluck aus
der Terpentinflasche zu laben.
Wenn man alles mit nur einem
Zehenbruch schafft,
Einem Sportbegeisterten das Herz
im Leibe lacht.
Man führt das schönste Artistenleben.

In unserem Zirkus kann es nur
Überraschungen geben.

Und es klopft und hämmert und
sägt und bollert,
Es quietscht und donnert und rumst und kollert,
Es rieselt und tropft, zerschellt und platzt,
Es stampft und scheppert, knallt und schmatzt.
Es kratzt und bohrt, es kreischt und brummt,
Es rollt und schleift und schlurft und summt.

Doch auch innen in dem Haus
Findet keine Katz `ne Maus.

Vor lauter Dreck sieht man den Unrat nicht
Und täglich häuft sich Schicht auf Schicht.
Auf dem einzigen ruhigen Ort
Fällt die Ruhe auch noch fort.
Will man auf die Toilette gehen
Muss man sich nach einem Regenschirm
umsehen.
Durch die Decke rieselt der Staub
Und durch das Betonieren regnet es auch.
Damit wir nicht alle ganz verstauben
Muss die Mutti uns gründlich saugen.
Doch es rieselt immer weiter!
Dadurch wird man allmählich gescheiter;
Man lässt sich eine Dreckkruste stehen
Und versucht dem Krach durch
Meditation zu entgehen.

Doch selbst in den höheren
Welten träumt man dann,
Dass ein Handwerker hämmert so laut er kann.

Und es klopft und hämmert und
sägt und bollert,
Es quietscht und donnert und rumst und kollert,
Es rieselt und tropft, zerschellt und platzt,
Es stampft und scheppert, knallt und schmatzt.
Es kratzt und bohrt, es kreischt und brummt,
Es rollt und schleift und schlurft und summt.

Dieses war der dritte Streich
Der letzte folgt in einem Monat, vielleicht.

Nachwort: Das obige Bild ist eine Postkarte des damaligen „„Fremdenheim Villa Hubertus", dass im Erdgeschoss vielen Kurgästen half einen angenehmen Aufenthalt in Bad Oeynhausen zu haben. Heutzutage würden wir es als Pension bezeichnen. Wie sehr sich doch unsere Sprache geändert hat!

Eigentlich hieß das nächste Gedicht: <u>Als die Franzosen frech geworden</u>. „Franzosen", das waren wir, die Schülerinnen des Luisengymnasiums, die den Weg zur Mittleren Reife eingeschlagen hatten mit Französisch als zweiter Sprache. Als sich die Möglichkeit ergab, doch das Abitur zu machen auf der Grundlage des großen Latinums, entschlossen sich einige von uns, Latein nachzulernen. Da sicher auch viele Germanen in der Geschichte Latein, die Sprache ihrer Beherrscher, lernen mussten, denke ich, ist der neue Titel auch gerechtfertigt.

Als die Germanen frech geworden

Oder

**Tempore crevit amor –
Mit der Zeit wuchs die Liebe**

Oder

Omnia vincit amor!- Die Liebe besiegt alles!

Als die Germanen frech geworden
Griffen sie, ganz ohne Sorgen,
nach dem Studium des Latinum
und sie lernten fleißig: bonus, bona, bonum.

Facilis, facilior, facillimus,
Multi, plures, plurimi,
So lernt man die Vokabeln nie!
Und magnus, maior, maximum
Ist die Grammatik des Latinum.

Tempore crevit amor!
Zum Latinum nie,
Rufen die Germanen im Chor.
Amor dekliniert man wie?

Plinius, Dionysus und Pyramus,
Cäsar, Dädalus und Ikarus,
Diese Männer sind bald schon bekannt.
Sie begegnen den Germanen im eigenen Land.

Erste Kapitulation vor dem Angriff des
Konjunktivs,
Bei der Konjugation mancher Weh
und Ach rief.
Der Rest trägt den Speer der tapferen
Schwaben.
Kein Gerundium kann sie mehr verjagen.

Omnia vincit amor! Das ist wahr!
Zusammen sind sie sich endlich klar:
Wir lernen das noch mit Bravour!
Tempore crevit amor!

Schlussgedanken

Du bist nah

Du bist da
So nah
In Deiner Umarmung
Meine Erlösung
Dein Atmen berührt mein Gesicht
Ich fühle kein Gericht
Keine Trennung
Keine Verbannung
Du bist da
Mir so nah

Mein Herz schlägt schnell
Deiner Liebe unerschöpflicher Quell
Umgibt mich
Ich fühle nur Dich
Ich bin in Dir
Du bist in mir

Ich atme Dich ein
Des Berges Luft so rein
Ich höre Deiner Stimme Hall
In des Echos Schall
Ich rieche Deinen Duft
Das Parfüm der Lindenblüten in der Luft

Des Lebens Flusses unversiegbarer Quell
Wie der Sonne Strahlen so hell
Erfüllt mein Herz
Erlöst meinen Schmerz

Befreit meine Seele
Ich lebe!

Ich bin erwacht,
mein Feuer entfacht
Leben kann ich geben
In Freude Leben
Ich will es wagen
Es weiter sagen!
Wie Du mich liebst
Mir Leben gibst
Mich durchdringst
Mein Herz gewinnst
Wie ich in Dir
So du in mir

So verkünde ich in aller Zeit
Meines Gottes Herrlichkeit
Gottes Segen
In meinem Leben
Ich künde von der Liebe Glut
Lass Dich ein, hab Mut!

Reiß ab die Mauer
Ein heiliger Schauer
Macht Dich frei zum Leben
Frei zum Geben
Gott ist bei Dir,
Du bist in Ihm
Er ist in Dir!

Abendrot

Wie lohendes Feuer
Nie verlöschende Glut
Am Abendhimmel
Die Sonne
Hinter dem Horizont
Versinkt und ruht

Meine Gedanken

Meine Gedanken fliegen wie Schmetterlinge zum
Himmel hinauf.
Ein oder zwei ruhen sich auf hellgelben
Blütenkelchen aus
Auf der Suche nach Sonne und Wärme.
Sie kreisen wie bunte Schwärme
Auf dem Weg zur Erfüllung des Lebens
In Extase taumelnd, nie vergebens
Hinauf in die blauen Welt
Des unendlichen Himmels Zelt,
Über das Grün der Wiese auf Suche
Nach Honig und Pollen in den Blumen am Fuß der
Buche.
Sie sind frei, so frei!
Ich kann sie nicht fangen
Keine Klarheit erlangen
Nicht in der Schale meiner Hände betrachten.
Ohne mich zu beachten
Fliegen sie davon, frei
Spielend, tanzend - Nun denn, es sei
Meine Gedanken sind frei!

So ein Gedichtband scheint einfach zu sein. Die Gedichte sind meist nur in die Feder geflossen, wie diktiert aus einer anderen Welt. Aber zum Bearbeiten und Zusammenstellen habe ich viel Zeit benötigt. Manches Mal haben mich nur die Ermutigungen meines Mannes und meiner Kinder und manche Tasse starken Kaffees aufrecht gehalten!

Ebbe und Flut

Es geht mir heute gar nicht gut.
Ich kann nicht klar denken,
Mich nicht in meine Arbeit versenken.
Ich verliere fast den Mut.
Doch, auf jede Ebbe folgt die Flut.

Wie soll ich es in Worte fassen?
Umrundet bin ich von Kaffeetassen.
Fing der Tag nicht gerade erst an?
Die Uhr geht unbarmherzig voran.
Mein Inneres drängt mich,
Ideen überschlagen sich.
Ich kann das Denken nicht lassen,
Doch nichts lässt sich in Worte fassen..
Eine dunkle Wolke schwebt über meinem Kopf
Da sitze ich, ich armer Tropf.
Ich verliere fast den Mut.
Doch, auf jede Ebbe folgt die Flut.

Geordnet wünsche ich es mir.
Notizen mache ich auf meinem Papier.
Selbst dazu fehlt mir heute der Verstand.
Gedanken verrinnen wie im Sand.
Die Zeit drängt sehr,
Doch alles fällt schwer.
Ich verliere den Mut.
Doch, auf jede Ebbe folgt die Flut.

Darum geh ich jetzt raus aus dem Haus,
Weg vom Papier!
Das gönne ich mir!
Der Ebbe ergebe ich mich,
Die Ruhe genieße ich
Und warte auf die Flut.
Jetzt geht es mir gut!

Ein Gedicht von Frauen für Frauen!
Kennen Sie Wien? Stellen Sie sich vor an einem heißen Sommerabend nach einem starken Gewitter durch die Straßen von Wien zu spazieren. Die Straßen dampfen noch und sind bedeckt von den Blättern, die Regen und Sturm von den Bäumen peitschten. Atmen Sie das Aroma der Blüten ein. Sie sind zusammen mit Ihren zwei besten Freundinnen. Sie erkunden ein paar der geheimen Schönheiten der Altstadt Wiens.

Der Abend der Königinnen
Ode an die Stadt Wien

Für Kuri und Erni

Süßer Akazienduft
Parfüm der Lindenblüten in der Luft

Der Steffl grüßt
Dunkel und mächtig,
Mosaiksteine bunt,
K und K Wappen prächtig.

Alt Wien
Du rufst!

227

Deine Königinnen du suchst.
In Innenhöfen versteckte Pracht,
Kopfsteinpflaster
Für Fiaker gemacht.

Regen und Sturm reinigten
Wien, dein Haus.
Nach einem heißen langen Tag
Die Abendruhe
Über dir lag.

Drei Königinnen im Stadtpark hier.
Auf grünem Teppich
Schreiten wir.
Ginkgo und Lindenblätter
Breiten sich aus vor mir.

Süßer Akazienduft,
Parfüm der Lindenblüten in der Luft.

Bänke im Park,
Seite an Seite.
Noch fühlst du die Seelen
des Tages
In froher Runde
Stunde um Stunde.

Schubert,
Daneben Strauß,
Im goldenen Gewand
Mit seiner Geige,

In Stein gebannt.

Musik der Sphären,
Wie aus alten Mären.

Doch bald ist der Zauber aus,
Eine Gruppe Chinesen mit schnellem
Schritte
Durch den Stadtpark eilt
„Ehrwürdiger Herr Strauß,
Recht freundlich bitte!"

Nur der Traum verweilt.
Vor uns wiegt sich ein Entenpärchen heiter,
Im Gleichschritt langsam weiter.
Am See übt ein Chor,
Ein Froschkonzert dringt an mein Ohr.
Süßer Akazienduft,
Parfüm der Lindenblüten in der Luft.

Aus dem
Dunkel des
Parks
Eine Treppe
hinunter
Der Wien Fluss
Uns ruft:

„Nie hast du mich
besucht!"

Das Rauschen der
Wellen in den Ohren,
Wir
promenieren
von Amphore zu
Amphore.

Von Weinlaub umringt
Jede Jahreszeit ihre
Geschichte singt.
Wien oh Wien,
Deine ganze Pracht
hast du drei Königinnen als
Geschenk gebracht.

Süßer Akazienduft,
Parfüm der Lindenblüten in
der Luft.

Geschichte von Jahrhunderten,
in einem Blick
Könige, Kaiser und Republik.

Burg Coburg,
Mitten unter der Stadt entdeckt,
Kasematten versteckt,
Erinnerung an Rom,
Eine Kirche unter dem Stephansdom.

Blicke in die undurchdringlichen Welten,
Des OPEC Palast,
Wo andere Gesetze gelten.

Cafés mit Musik,
Ein Hof unter Linden,
Braukessel in Kupfer,
Des Lebens Tupfer

Wo sonst
kann man
sie finden?
Spittelberg,

Künstlerwerk,
Ein Dorf in der

Stadt,
Ein geheimer Rat.

Am Rathaus,
Erleuchtet von tausend Lichtern,
Steigt herab
Von der Kuppel
Mit eisernem Stab
Ein Soldat.
Am Tulpenbaum wacht.

Eiserne Härte
Vor lebendiger Stärke.

Abendluft
Umhüllt uns mit Regenduft.
Eine Nacht bei dir,
Eine Nacht voller Pracht,
Deine Schönheit Wien
Hast du uns dargebracht.

Drei Gründer der Republik,
Drei würdige Herren
mit ernstem Blick,
In die steinerne Ewigkeit geschickt.

Pallas Athene,
Den rechten Fuß vor,
Begrüßt uns
Am Parlamenten Tor.

Die Welt reicht sich die Hand
UN, OPEC, Universitäten,
Menschen aus allen Ländern
In Wien, im
Verband.
Residenzen,
Paläste,

Ich sehe die Kutschen eilen,
Ehrwürdige Herrschaften
Zusammen verweilen.

Das kleinste Haus,
Eine Ecke nur
Huldigt der Uhr.

Ich fühle und sehe
Kultur des Friedens
So greifbar nah
Alles ist da.

Süßer Akazienduft,
Parfüm der Lindenblüten in der Luft.

Impressionen von Wien,
In mein Herz gebrannt.
Ein Abend der Freiheit!
Wir lachen, entdecken,
Was Wiener verstecken.

Ein Abend Himmel auf Erden
Wann wird es wieder so werden?
Beim Abschied, beim Lesen,
Sind's Regentropfen,
Sind's Tränen gewesen?

Inhalt

Quellen

- Titelbild Ingrid Lindemann
- Rückseite Der Weg, Acryl auf Leinwand Ingrid Lindemann
- Bilder aus dem privaten Archiv Ingrid Lindemann auf Seite: 6,7,9,10,11,14,15,16,19,38,40,44,49,54,56,62,66,70,71,80,92,100,103,113,116,125,129,134,148,149,151,158,162,163,167,169,173,180,184,190,193,201,203,219,234,246
- Seifenblasen Bild Seite 12 Moonhwa Lindemann
- Collagen Seite 48 Ingrid Lindemann
- Sonnenuntergang Seite 177 Werner Lindemann
- Marienkäfer Seite 175 Andrea Lindemann (Aus einem Schulheft)
- Engel Seite 119 Ausschnitt eines Gemäldes von Moonhwa Lindemann
- "Whisper words of beauty" Seite 121 Ausschnitt eines Gemäldes von Moonhwa Lindemann
- Stillende Mutter Zeichnung Seite 33 Moonhwa Lindemann
- Zeichnungen Seite 74,105,152,174,176 Ingrid Lindemann
- Bilder zum Gedicht „Drei Königinnen" Seite 227-233 aus den Reisebildern von Christine Sato und Ingrid Lindemann

- Blühender Zweig Seite 157 Ausschnitt aus einem Gemälde von Micaela Lindemann
- Postkarte Seite 210 Fremdenheim Villa Hubertus, Frau Jansen
- Regenbogen Seite 191 Bild von Anneliese Weber, bearbeitet
- Birken Seite 171 freepik.com
- Kerze Seite 115 freepik.com bearbeitet
- Felsen Nordkorea Seite 108 Elisabeth Heil, bearbeitet
- Kinderposter aus Uruguay Seite 11 Künstler unbekannt
- Die Läuferin Seite 81 Bild einer Porzellanskulptur aus dem Besitz von Edeltraude Lücker
- Sommerwiese Acryl auf Leinwand Seite 226 Ingrid Lindemann
- Frühling Seite 224 Acryl auf Leinwand, Ingrid Lindemann
- Feldweg, Acryl auf Leinwand Seite 61
- Rosen, Acryl auf Leinwand Seite 152 Ingrid Lindemann

Sollte eine Seitenangabe nicht stimmen oder eine Zuweisung des/der Autor/in unrichtig sein, bitte ich um Verzeihung und eine Nachricht an meine Email Adresse.

Ich bin immer froh, wenn meine Gedichte Freude bereiten und weiter verwendet werden. Aber ich bitte um Beachtung des Copyrights. Eine kurze Email mit der Bitte um Vervielfältigung wo und wann verspreche ich schnellsten zu beantworten.

Danke

Liebe Leserin, lieber Leser,

ich danke Ihnen, dass Sie sich für meine Gedanken,
Gebete und Gedichte Zeit genommen haben.
Nehmen Sie daraus Inspirationen mit in Ihr tägliches
Leben, werden Sie mit mir zur Brücke des
Verbindens, nehmen Sie Kämpfe und Verzweiflung
an als Teil Ihres Lebens
auf dem Weg des
Erkennens. Dann hat
dieses Buch auch seinen
Wert für Sie gefunden.

Ich wünsche Ihnen ein
Leben voller Freude im
Sein, ein Sein voller
Lebensfreude.

*Ihre Ingrid
Lindemann*

Ein Ende trägt auch immer einen neuen Anfang in sich